바이칼호에 비친 내 얼굴

바이칼호에 비친 내 얼굴 끝나지 않은 한국인 이야기

초판 1쇄 인쇄 2024년 2월 15일
초판 1쇄 발행 2024년 2월 26일

지은이 이어령
엮은이 김태완
펴낸이 정해종

펴낸곳   ㈜파람북
출판등록   2018년 4월 30일 제2018 – 000126호
주소   서울특별시 마포구 와우산로29가길 80(서교동) 4층
전자우편   info@parambook.co.kr
인스타그램   @param.book
페이스북   www.facebook.com/parambook/
네이버 포스트 m.post.naver.com/parambook
대표전화   02 – 2038 – 2633

ISBN 979-11-92964-84-3   03120
책값은 뒤표지에 있습니다.

바이칼호에 비친 내 얼굴

끝나지 않은 한국인 이야기 3

지은이 이어령

이어령 지음 | 김태완 엮음

이어령 선생을 떠올리며

2024년 1월 유럽을 다녀왔습니다. 인천국제공항에서 탄 비행기가 곧장 중국 대륙을 가로질러 고비사막을 지나 우루무치, 카자흐스탄, 아랄해, 카스피해, 흑해를 건너 캅카스산맥 위를 날아올랐습니다. 캅카스산맥을 내려다보며 가슴 속에 뜨거운 것이 밀려왔습니다. 2년 전 세상을 떠나신 이어령 선생이 떠올랐습니다.

예전에는 코카서스산맥이라고 불렀지만 지금은 캅카스산맥이라고 부릅니다. 성경 창세기의 공간인 신화와 인간의 땅입니다. 동서 문명의 기원이자 요람으로 대홍수 이후 노아의 방주가 도달한 곳이죠. 성경에는 노아의 여덟 가족만이 살아남아 현생 인류의 유일한 조상이라 설명합니다.

생전 이어령 선생은 "캅카스산맥이 아시아와 유럽의 경계이자 그리스도교와 이슬람의 경계"라고 말씀하셨습니다. 어쩌면 지금의 한국인 얼굴에 이 캅카스산맥의 정기가 스며있을지 모릅니다.

아주 오래전, 등을 세워 똑바로 선 채 두 발로 걷기 시작한 인류의 조상이 아프리카에서 벗어나(아웃 오브 아프리카) 나그네가 되었습니다. 한 발 한

ᅟᅟᅟ

ᅟᅟᅟ

ᅟᅟᅟ

ᅟᅟᅟᅟ

ᅟᅟᅟᅟ

엮은이의 말

발 미지의 땅으로 걸어 나갔습니다. 아프리카 대륙을 떠나 유럽의 캅카스 산맥까지 다다른 인류가 지금의 유럽인, 다시 말해 서양인입니다. 요즘은 잘 안 쓰이는 말입니다만, 백인을 뜻하는 '코카소이드'는 '캅카스(코카서스) 산맥까지 이른 사람들'을 가리키는 말입니다. 반면 아프리카에서 떠나지 않은 사람들, 그 자리에 주저앉은 사람들을 '니그로이드'라 부릅니다. 황인종을 뜻하는 '몽골로이드'는 코카소이드보다 더 먼 여정을 택한 인류의 조상입니다. 약 4만 년 전 시베리아 북쪽으로 북상해 바이칼호(湖) 근처에 갇힌 채 혹독한 추위를 견디며 살아남은 극한의 사람들입니다. 이 '신(新)몽골로이드'에 한국인의 얼굴이 담겨 있습니다.

생전 이어령 선생은 "한국인의 얼굴에 바이칼호의 추위가 서려 있다"고 하셨습니다. 나그네가 되어 대장정을 떠나 영하 70도의 혹독한 시베리아 혹한을 견뎌낸 얼굴입니다. 이 얼굴이 얼마나 놀랍고 자랑스럽습니까.
얼굴의 눈과 코는 추위에 노출될 수밖에 없는데 추위를 견디려 코는 더 낮아지고, 눈두덩은 두꺼워지는 진화를 선택했습니다. 그리하여 한국인의 얼굴은 쌍꺼풀이 없는 두툼한 눈, 튀어나온 광대뼈, 납작한 코를 갖게 되었지요. 이것은 살을 에는 혹한 속에 한 발 한 발 내디며 한반도에 이른 우리 선조들이 남겨준 얼굴입니다. 한국인의 얼굴 속에 모험 인자가 서려 있는 이유입니다.
이어령 선생은 "내가 모르는 그 이전의 역사, 맵디매운 추위를 견뎌내며

이 땅에 도달한 바이칼호 나그네들을 생각해보면 가슴이 뛴다"고 하셨습니다. 요즘 젊은이들은 서양인의 얼굴을 닮길 원해 쌍꺼풀 성형도 하고 코도 오똑하게 세웁니다. 그러나 바이칼호에 비친 한국인의 얼굴이야 말로 자랑스러운 훈장이고 인류 역경의 서사(敍事)가 아닐까요?

이 얼굴은 단 몇 년 만에 만들어진 것이 아니라 수천, 수만 년을 거쳐 지금의 우리 얼굴에 도달한 나그네의 얼굴입니다. 그곳에는 오랜 인류 역사와 문화가 담겨 있습니다. 이어령 선생은 이 책을 통해 내 얼굴, 우리의 얼굴 속에 스며든 한국인의 얼굴, 인류 문명의 얼굴을 찾고자 하셨습니다.

독자 여러분은 한국인의 얼굴하면 무엇이 먼저 떠오릅니까. 빙긋이 웃고 있는 신라시대 얼굴무늬 수막새, 안동 하회탈 중 수줍은 얼굴의 각시탈, 전북 순창의 연지 곤지 바른 돌장승, 두 손가락으로 가볍게 볼을 짚고 생각에 잠긴 국보 78호 미륵보살반가상의 얼굴이 떠오르시나요? 경기도 광주시 남종면에 있는 얼굴박물관에 가보니 수많은 한국인의 얼굴 형상이 있더군요. 흥미롭게도 생김생김이 모두 달랐지만 모두 낯설지 않은 우리 얼굴이었습니다. 익숙한 모국어 같고 김장독 묵은지 같고 미워할래야 미워할 수 없는 내 얼굴, 한국인의 얼굴이었죠.

'아웃 오프 아프리카'에서 시작해 한국인의 얼굴 원형을 찾아가는《바이칼호에 비친 내 얼굴》은 앞서 출간한《별의 지도》,《땅속의 용이 울 때》의 연장선상에 있는 책입니다.《별의 지도》가 하늘 천(天),《땅속의 용이 울

때》가 땅 지(地), 그리고 이 책이 사람 인(人) 이야기를 담고 있습니다. 이로서 '천지인' 한국인 이야기가 3권으로 완성된 셈이지요.

벌써 이어령 선생의 2주기가 다가옵니다. 생전 선생은 당신이 남긴 굵직한 저작물과 수많은 강연에서 언급한 '한국인 이야기'를 비록 당신이 떠나도 계속 이어가기를 희망하셨고 관련 원고와 저서의 일부를 전하셨습니다. 또 선생이 남긴 바탕 위에 편집자의 생각을 보태도 된다고 허락하셨지요. 아주 조심스럽게 선생이 남긴 큰 발자국을 따라 책으로 엮었습니다. 오직 선생에게 누(累)가 되지 않기를 소망할 뿐입니다.

이어령 선생이 남기신 '천지인' 한국인 이야기를 완성할 수 있게 터를 마련해준 파람북의 정해종 대표님과 꼼꼼하게 원고를 함께 읽고 다듬은 현종희 선생님에게 진심으로 감사의 인사를 전합니다.

또한 캅카스 산맥을 지나 서유럽까지 함께한 아내 정은미, 프랑스 릴에서 교환학생으로 공부한 큰딸 김수현, 그리고 정은희 정은정 이우정 님에게 고마움을 전합니다. 학부 연구생으로 공부와 연구를 병행하느라 유럽행을 같이하지 못한 작은딸 김민주에게도 마음속에 늘 함께 했노라는 말을 남깁니다. 모두 모두 감사합니다.

2024년 2월
김태완

여정을 시작하며

지금은 거의 중단됐지만, 과거엔 '국토대장정' 행사가 해마다 열렸어요. 국토 최남단에서 휴전선까지 도보로 순례하는 행사였습니다. 종교적 의미의 '삼보일배'와 비슷하지만 아무 상관 없지요. 대개는 젊은 청년들이 호기심, 열정, 기대, 걱정, 두려움과 함께 걷기를 시작합니다. 그러나 얼마 못 가 발병이 납니다. 더러는 포기하고 말지만, 또 더러는 포기의 유혹을 떨치고 일어나 한 걸음 한 걸음 내딛죠.

그렇게 오랫동안 걸어 목적지에 도착하면 참가자들 모두 너, 나 할 것 없이 서로 부둥켜안고 눈물을 흘립니다. 왜 우는지를 물어봐도 다들 딱히 정확한 답을 못 내놔요. 그냥 울었대요.

여기서 그냥 웃고 넘기면 안 됩니다. 그 눈물에는 표현하기 어려운 감동, 혹은 의미가 담겨 있을지도 모르니까요. 자신의 선조들이 지나간 땅, 그뿐만이 아니라 다른 수많은 생명이 태어난 땅, 또 그만큼의 많은 생명체의

흙이 된 땅, 그 땅을 밟고 지나와 마지막 종착점에 이르렀을 때 자기도 모르는 감동을 느꼈던 게 아닐까요. 그저 완주의 성취감만은 아니었던 것이죠.

우리는 이제 한국이라는 좁은 땅덩어리의 역사보다도 광활한, 단군신화보다 훨씬 더 요원한, 몇만 년 전 우리의 선조가 이 땅에 오기 훨씬 이전의 역사로 거슬러 올라가려고 합니다. 그곳에서 '한국인의 얼굴'을 찾으려고 합니다. 그 여정에서 우리는 생물학적인 '나', 문화적인 '나', 그리고 역사 속의 '나'를 발견할 거예요. 그 힘든 대장정을 마치고 나면 인류의 역사와 문화, 한국인의 숨결을 바로 '내' 얼굴에서 읽을 수 있어요.

차례

엮은이의 말 이어령 선생을 떠올리며　　　　　　　　004
들어가는 말 여정을 시작하며　　　　　　　　　　　008

1부 | 위대한 한국인 얼굴의 대장정

\#　　피부색이라는 오래된 농담　　　　　　　　　　017

\#　　민낯에는 색깔이 없기에　　　　　　　　　　　022

\#　　아웃 오브 아프리카　　　　　　　　　　　　　023

\#　　나그네가 된 원숭이　　　　　　　　　　　　　027

\#　　킵초게의 조상들　　　　　　　　　　　　　　031

\#　　인류의 조상이 네발 대신 두발 보행을 택한 이유　033

\#　　인류, 최초의 이주자　　　　　　　　　　　　　037

\#　　남방계 몽골리안 이야기　　　　　　　　　　　040

\#　　북방계 몽골리안 이야기　　　　　　　　　　　042

\#　　최초의 원시 농경과 한반도의 쌀 농사　　　　　045

\#　　추위를 이겨낸 한국인의 얼굴　　　　　　　　048

\#　　유전학에서 보는 한국인 얼굴　　　　　　　　050

\#　　세계에서 눈이 가장 작고 털이 없기로 1등 민족　057

\#　　바이칼호에 살던 신(新)몽골로이드　　　　　　059

\#　　경주 신라 고분과 시베리아 '스키타이'　　　　063

2부 | 인간의 얼굴은 문화의 얼굴

#	유전적 얼굴이 아닌 문화의 얼굴	071
#	이름으로서의 얼굴	073
#	한국인의 얼굴 - 울음	076
#	한국인의 얼굴 – 무표정의 모럴	080
#	얼굴의 문화적 삭제	082
#	종교에서의 얼굴	090
#	한국인의 짙은 화장	092
#	폼페이 부부의 초상화	094
#	한국인, 경쟁력은 약하나 생존력은 강해	098

3부 | 미소로 본 한국인의 얼굴

#	얼굴박물관에서 만난 얼굴들	105
#	한국인의 얼굴 – 꾸밈없이 그리기	109
#	한국인의 얼굴 – 선사(先史)의 미소	112
#	한국인의 얼굴 – 불상의 미소	115
#	한국인의 얼굴 – 천년의 미소	121
#	한국인의 얼굴 – 탈의 미소	125
#	한국인의 얼굴 – 장승의 미소	127

4부 | 한국 미인의 얼굴

\#   한국인의 얼굴 – 미인   137

\#   한국인의 얼굴 – 문헌에 등장하는 미인들   146

\#   고전문학이 이야기하는 미의 기준   152

\#   한국인의 얼굴 – 또다른 미인의 조건들   156

5부 | 아름다워지려는 욕망과 모험 유전자

\#   가면과 이모티콘   163

\#   또 하나의 얼굴, 셀카   165

\#   아름다워지려는 욕망   169

\#   화장품과 성형 산업   174

\#   "얘는 한국 애처럼 안 생겼어요"라는 칭찬   178

\#   모험 유전자   181

\#   한국인의 모험 유전자, 혜초   183

\#   한국인의 모험 유전자, 고선지   187

\#   탐험하는 자의 눈빛   191

\#   눈빛 살리기   193

\#   내 얼굴 찾기 대장정   195

6부 | 흐르는 눈물, 빛나는 눈빛

#	오후 다섯 시의 그림자와 〈돌의 초상〉	201
#	눈을 잘 안 맞추는 한국인	206
#	서로의 눈 들여다보기	210
#	규칙 깬 단 한 번의 눈물	213
#	화장, 가면, 성형수술로 감출 수 없는 것	215
#	그게 내 얼굴, 인간의 얼굴, 내 나라 얼굴	217

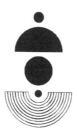

1부 | 위대한 한국인 얼굴의 대장정

지금부터 우리가 시작할 이야기는 국토대장정이 아닌 우리의 얼굴을 찾아 떠나는 '얼굴의 대장정'입니다. 한반도 남단을 걷는 국토대장정의 길이가 500km 조금 넘는다면 우리가 함께 떠나게 될 얼굴의 대장정은 수만, 수억 km를 훨씬 넘어섭니다. 국토대장정의 기간이 40일 동안이라면 우리는 최소 2만여 년의 세월을 거슬러 가야 해요.

내가 '나'임을 드러내는 가장 확실한 표식이 '얼굴'입니다.

이 얼굴로 '나'는 남과 다른 존재임을 깨닫게 되지요. 얼굴을 통해 '나'는 누구의 자식이고, 누구의 친구이며, 어느 도시의 시민이자 나라의 국민이고, 어느 대륙의 인종을 나타내는지 짐작할 수 있습니다. 좁게는 '나'라는 정체성을, 넓게는 전 인류의 구성원임을 발견하게 됩니다. 그만큼 얼굴은 중요합니다.

내 얼굴에 '나'만 있는 것이 아닙니다. 인류 진화의 역사가 얼굴에 담겨 있어요. 먼 과거로의 여행이 여러분 얼굴에 담겨 있는 거지요. 직립보행(直立步行)을 하고 거리를 잴 수 있는 섬세한 눈을 지녔으며 멀리서 들리는 짐승의 발소리를 듣는 귀, 여기다 딱딱하거나 질긴 음식을 조각낼 수 있는 튼튼한 치아 등 오감(五感)의 진화가 바로 우리 얼굴에 담겨 있지요.

지금 우리 얼굴 속에 미래로의 여행도 숨어 있어요. 먼 미래, 100만 년 후 우리 후손들은 어떤 얼굴을 하고 있을까요? 정말 궁금하지 않나요? 그 실마리를 푸는 증거가 지금 여러분의 얼굴에 담겨 있습니다.

그러니 내가 '나'의 얼굴을 찾는 것! 함께 '우리' 각자의 얼굴을 찾는다는 것은 과거와 미래를 동시에 확인하는 행위일지 모릅니다. 그런 의미에서 한국인의 얼굴 찾기이자 인류의 얼굴 찾기가 될 겁니다. 자, 지금부터 그 여정을 시작합니다.

피부색이라는 오래된 농담

신(神)이 인간을 만들 때 반죽을 오븐에 구워 빵을 만들 듯이 만들었다고 합니다. 처음엔 너무 오래 구워서 새까맣게 탄 것이 니그로이드(Negroid), 흑인입니다. 이른바 '너무 구운 인간'이죠.

두 번째는 너무 태우지 않으려고 오븐에 넣자마자 얼마 안 되어 꺼낸 것이 코카소이드(Caucasoid), 백인입니다. 이른바 '설익은 인간'이지요.

이번에야말로 실패하지 않으려고 온갖 신경을 써서 때맞게 꺼내어 잘 구워진 것이 바로 몽골로이드(Mongoloid), 황인종입니다. '잘 익은 노란 인간'이지요.

물론 이 이야기는 아마도 황인종이 만든 농담일 테지만, 현생인류(現生人類)를 코카소이드 · 몽골로이드 · 니그로이드 세 분류로 나누는 것에 반

대하는 인류학자도 있습니다. 피부색이 '구별'을 넘어 '차별'의 잣대가 된
다는 점 때문입니다. 학문의 영역에서마저 인종주의적 차별이 깔려 있다
는 시각이 그래서 존재합니다.

서양 문명을 이해하기 위해 우리가 알아야 할 두 개의 큰 축이 헬레니즘
(Hellenism)과 헤브라이즘(Hebraism)입니다. 이 중 우리가 이야기를 나눌
주제와 관련 있는 것이 바로 헤브라이즘이에요.

헤브라이즘은 헤브라이 민족의 사람들, 즉 유대인의 문화 전통이 서구화
된 것을 지칭하는 말로 헤브라이즘의 가장 근간이 되는 것은 유일신(唯一
神) 사상이죠.

오직 '야훼', '여호와'만이 신이고 그 밖의 어느 것도 신이 아니라는 생각
이었어요. 이러한 헤브라이즘은 성경 창세기부터 이야기가 시작됩니다.

태초의 인간이 에덴동산에서 선악(善惡)의 열매를 따 먹은 죄로 쫓겨나고
그 후 신을 잊은 채 살아가던 인간들에게 대홍수의 형벌이 내려지며, 노
아의 방주를 타고 있던 노아의 가족만이 살아남습니다. 그들이 현재의 인
류에게 유일 선조인 셈이죠. 홍수가 끝나고 노아의 방주가 도달한 곳, 방
주 안의 비둘기가 날아가 감람(올리브) 잎을 따 온 곳이 바로 캅카스(코카
서스) 산맥의 아라라트산(5137m)입니다. 캅카스산맥은 아시아와 유럽의
경계이자 그리스도교와 이슬람의 경계, 동서문명의 기원이고 요람으로
신과 영웅, 신화와 전설, 인간과 사랑의 이야기가 풍성한 곳이죠.

튀르키예의 제일 동쪽 끝에 아라라트산이 있어요. 크게 두 개의 산이 있

는데 그 가운데 골짜기에서 고대인의 백골이 출토되었고 출토된 백골의 골격 구조가 지금의 유럽인들과 똑같았어요.

'코카소이드'를 말 그대로 해석하자면 '캅카스산맥까지 이른 사람들'이라는 뜻입니다. 이 이야기가 사실이든 아니든 오늘날 코카소이드라고 부르는 말에는 현재의 인류가 노아의 자손이라는 전제를 암묵적으로 품고 있습니다. 그러니 유대 기독교에 기반한 백인 우월주의적 명명이라 할 수 있지요.

백인이라는 것 역시 흰색에 대한 우월성을 표현한 것입니다. 사실상 '유일신(神)=백인'이라고 하는 말과 같으니까요.

이야기를 좀 더 확장시켜 볼까요?

오늘의 서구 문명은 신의 영역을 강조하는 헤브라이즘과 인간의 이성을 강조하는 헬레니즘이 합쳐져 꽃을 피웠습니다. 마케도니아의 알렉산더 대왕이 페르시아 원정을 통해 멀리 인도까지 진출하며 동서양을 융합한 헬레니즘 문화가 탄생되었습니다.

그래서 상극과 같은, 이성적, 논리적, 현세지향적인 헬레니즘과 직관적, 감성적, 내세지향적인 헤브라이즘의 충돌이 인류 문명을 진일보시켰습니다. 이 둘 사이에 어떤 차이가 있을까 알고 싶으면 우리에게 익숙한 과일, 사과를 보면 됩니다. 서양 문명에서 사과는 가장 친숙한 상징이죠.

첫 번째 사과는 기독교 문화를 탄생시킨 선악과(善惡果)입니다. 아담과 이브가 하느님의 명령을 어기고 뱀의 꾐에 빠져 선악과를 먹습니다. 이후 에덴동산에서 추방되면서 인류 역사가 시작된다는 성경 창세기의 이야기입니다. 아담의 사과에서 바로 원죄(原罪)라는 헤브라이즘이 탄생했습니다.

두 번째는 그리스 문화를 탄생시킨 사과입니다. 성경의 탄생보다 훨씬 앞선 기원전 12세기 그리스군과 트로이군의 전쟁에 등장하는 것이 사과입니다. 올림포스의 결혼식에 초대받지 못한 불화의 여신 에리스가 연회석 중심에 '가장 아름다운 여신에게'라고 새겨진 황금사과를 던져놓으면서 그리스 비극이 시작됩니다. 트로이 전쟁은 세 여신인 헤라(신들의 여왕) · 아테나(지혜의 여신) · 아프로디테(사랑과 미의 여신)가 황금사과를 서로 가지려고 싸우면서 일어납니다. 속칭 '파리스의 사과'라고 일컫는 이 이야기는 미(美)를 추구하는 헬레니즘 문화의 상징입니다. 신화 얘기를 좀 더 하자면 파리스는 고심 끝에 아프로디테를 황금사과의 주인으로 택하죠. 파리스를 매수하려고 아프로디테가 "나를 택하면 '가장 아름다운 여자'를 주겠다"고 제안했기 때문입니다. 결국 파리스는 '가장 아름다운 여자'인 헬레나를 아내로 맞이하는데, 헬레나는 스파르타의 왕 메넬라오스의 아내였지요. 이로 인해 결국 트로이 전쟁이 발발하게 됩니다.

세 번째 사과는 빌헬름(윌리엄) 텔의 사과입니다. 13세기 중세의 전제주의 정치와 싸우던 빌헬름 텔이 사랑하는 아들의 머리 위에 사과를 활로 명중시켰다는 이야기는 근대 민주주의의 상징입니다. 이후 스위스 독립운동에 불씨를 당겼다는 의미에서 빌헬름 텔의 사과는 '혁명'과 '자유'를 뜻하는 근대 정치사상을 낳습니다. 그런데 빌헬름 텔은 실제 인물이 아니라, 프리드리히 폰 실러(1759~1805)가 당시 구전되던 설화를 모티프로 삼아 만든 희곡의 주인공입니다. 근대 정치사상이 인본주의적 세계관을 바탕으로 인간 중심의 사유를 지향했다는 점에서 헬레니즘의 영향을 받았다고 볼 수 있어요.

네 번째 사과는 뉴턴(1643~1727)의 사과입니다. 뉴턴은 떨어지는 사과를 보고 그 유명한 만유인력의 법칙을 발견했다고 하죠. 이 사과로 말미암아 근대과학의 문이 활짝 열립니다. 혹자는 뉴턴의 사과로 인해 세계 최초로 우주 비행을 한 소련의 우주비행사 유리 가가린, 인류 최초로 달에 발을 디딘 닐 암스트롱 같은 우주인의 시대가 열렸다고 말하죠. 인간을 이성의 존재로 파악하는 헬레니즘의 정신이 자연과학의 발달을 가져왔습니다. 그리스 시대의 자연과학이 주로 철학적 사유에 그쳤다면 근대로 넘어오면서 보다 실제적인 과학지식의 발견으로 이어졌죠.

그런데 사과 이야기는 여기서 멈추지 않습니다. 미술평단의 기준을 거부한 사과 그림으로 20세기 회화의 거장이 된 폴 세잔(1839~1906)의 사과, 백설공주의 '미혹의 사과', 스티브 잡스의 '한 입 베어 먹은 사과'가 인류 문화의 방향을 다른 곳으로 틀었다고 말합니다.

민낯에는 색깔이 없기에

몽골로이드라는 명칭 역시 그 유래가 과학적이지는 않아요. 어째서 하필 아시아 중에서 몽골이라는 특정 지역이 동양인 민족을 칭하는 대표적인 단어가 되었을까요?

이 역시 서구 중심적인 해석입니다. 칭기즈 칸(1162~1227)의 후예들이 유럽으로 진격할 때 유럽 사람들이 이 말을 만든 것이죠.

그리고 당시 아시아를 왕래한 마르코 폴로(1254~1324)와 같은 사람들 역시 칭기즈 칸의 손자인 쿠빌라이 칸(1215~1294)이 중국을 지배했을 때 중국을 다녀왔어요. 그래서 몽골은 아시아를 상징하는 단어이자 대표하는 단어가 되었습니다.

'몽골병'이라는 단어가 있어요. 영국의 의사 다운(John Langdon Down · 1828~1896)이 1886년 특수 정신지체를 보이는 현상을 발견하고 이를 '몽골인 형(型) 백치(白痴)'라고 보고했었죠. 그러다 1959년 프랑스의 소아과 의사이자 유전학자인 J. 레쟝(Jérôme Lejeune · 1926~1994) 등에 의해 정신지체의 원인이 염색체 이상에 있다는 것이 밝혀져 다운증후군이라 불리게 되었지요.

이 유전병에 의해 지진아가 되거나 심장에 이상이 생긴 겁니다. 후천적인 병이 아니라 태어날 때 이미 유전자에 의해서 걸린 병인데 옛날에는 이 병에 걸린 아이들이 꼭 몽골인처럼 생겼다고 해서 몽골병, 혹은 몽골인병이라 불렀다고 합니다.

코카소이드니 몽골로이드니 하는 피부색을 뜻하는 말부터가 이미 과학과
는 거리가 먼 이야기예요. 그러니 피부색을 벗겨내야 해요. 인류가 지닌
피부색 이전의 민얼굴, 민낯을 바라봐야 합니다. 그래야 인류의 첫 시작점
으로 거슬러 올라갈 수 있어요.

몽골로이드는 비하의 의미가 강했기에 현재는 동아시아인(East Asian) 혹
은 동북아시아인(Northeast Asian)이라는 용어를 사용하고 있어요. 지역
적인 개념을 사용해도 좋을 만큼 단일민족 경향이 매우 강한 곳이기 때문
입니다.

아웃 오브 아프리카

    오늘날 우리 조상의 시작점을 거슬러 올라가 보면 우리는
시원(始原)의 대륙, 아프리카를 맞닥뜨리게 됩니다. 인류의 기원을 두고
몇 가지 설이 존재하지만, 가장 유력한 설이 '아프리카 기원설'(Out of
Africa)입니다.

현생인류의 직계 조상이 아프리카에서 갑자기 출현했으며 그때부터 이미
정착해 살고 있던 네안데르탈인 등 다른 모든 인종을 대체했다는 것이죠.
이 주장에 신빙성을 제공하는 근거들 역시 제시되었어요. 인류의 오랜 화

석이 아프리카에서 집중적으로 출토되었지요. 무엇보다 1974년 에티오피아 아파르(Afar) 지방의 하다르(Hadar)라는 곳에서 '오스트랄로피테쿠스 아파렌시스'(Australopithecus afarensis)라고 불리는 원인(猿人)의 화석 골격이 발견되었어요.

이름이 좀 긴데요. 오스트랄로피테쿠스는 라틴어로 '원숭이 사람'을 뜻합니다. 아파렌시스는 발견지인 아프리카 대륙에서 따와 '아프리카의'라는 뜻이고요. 학명은 '아프리카의 남쪽 유인원'이라는 의미입니다. 이명(異名)은 루시의 종(Lucy's Speices)이라고 하지요. 루시…, 한번쯤 이 위대한 여성의 이름을 들어본 적이 있을 겁니다.

루시는 300만 년 전 직립 원인의 화석으로, 인류의 직접적인 조상이라 여겨지는데, 발견 당시 현장에 〈Lucy in the Sky with Diamonds〉라는 비틀스 노래가 흘러나와 '루시'라는 이름이 붙여졌다고 하지요. 이 곡은 비틀스 명반으로 꼽히는 1967년작 《서전트 페퍼스 론리 하트 클럽 밴드》(Sgt. Pepper's Lonely Hearts Club Band)의 수록곡입니다.

인류 최초의 여자가 성경의 '이브'라면 그 이브의 직계 조상격이 루시일지 모릅니다. 혹은 루시와 이브가 신(神)의 손으로 빚은 동일인인지도 모를 일이죠.

루시는 105cm 안팎의 작은 키에 앞으로 내민 뾰족한 입을 가졌으며 아프리카 동부의 한 호숫가에서 전원생활을 즐겼다고 추정합니다. 갖가지

아파렌시스 화석 출토지

루시의 두개골 모형

나무 열매와 호수에 사는 게, 거북과 악어알을 즐겨 먹었지요. 루시는 척
추관절염으로 고생하다가 스무 살의 꽃다운 나이에 요절하였다지요. 허
황된 공상 소설이 아닙니다. DNA를 분석하고 주변 생태계와 위 속에 남
아 있는 소화 안 된 음식물 화석을 연구한 결과지요.

클리블랜드 자연사 박물관의 도널드 조핸슨(Donald Johanson)과 티모
시 화이트(Tim White) 두 인류학자는 1974년 루시의 입천장뼈와 무릎뼈
를 찾았고, 이듬해에 팔뼈, 다리뼈, 머리뼈 조각을 추가로 발견했는데 5년
간의 정밀한 연구 뒤 1979년 1월 '루시 보고서'를 완성했지요. 한국 언론

도 이 보고서를 신속하게 보도했는데, 가장 먼저《동아일보》가 외신을 인용해 그해 1월 31일 자로 소개했습니다. 기사 제목은 "에티오피아 아파르 지방서 300만년 전 여인 화석 발견"이었죠.

흥미롭게도 인류 화석은 루시가 살던 에티오피아만이 아니라 탄자니아 올두바이 협곡(Tanzania Olduvai Valley) 유적에서도 여러 점이 발견되었습니다. 그렇다면 왜 아프리카였을까요? 왜 그것도 초원이나 고원지대가 많은 에티오피아, 탄자니아였을까요? 이 역시도 많은 주장이 있을 수 있습니다.

고릴라, 침팬지, 오랑우탄 같은 유인원들을 포함한 영장류가 점차 진화 발전하여 현생의 인류에 이르렀다는 것이 우리가 가장 광범위하게 인류의 기원으로 믿고 있는 진화론이죠. 이 중에서 인류의 조상이 된 유인원은 다른 유인원들과 달리 정글과 숲의 나무에서 내려와 너른 평지에서 삶의 터전을 잡게 된 유인원들입니다.

아프리카 에티오피아, 탄자니아, 케냐는 사막지대도, 정글도 아닌 사바나 지역이에요. 즉 숲에서 나와 초원에서 생활하게 된 유인원들이 인류의 조상입니다. 이들은 숲속 나무 위에 머무른 유인원들과 달리 초원을 걷고 달리며 스스로에게 던져진 도전과 과제들을 풀면서 진화해 왔어요.

네발로 나무를 타던 숲속 생활과 달리 평지의 생활은 두 발을 요구했어요. 직립보행입니다. 초원과 같은 평지에서 생활을 하던 루시의 형제들인 오스트랄로피테쿠스 중 일부가 새롭게 걷는 방식을 시작했어요.

이렇게 시작된 직립보행은 인간의 이동을 보다 용이하게 했을 겁니다. 인간은 직립보행을 했기 때문에 멀리 이동할 수 있었겠죠. 그래서 인간은 호모 사피엔스(Homo Sapiens)이기 이전에 호모 에렉투스(Homo Erectus)였어요. 사피엔스는 라틴어로 '똑똑한 사람', '지혜로운 자'라는 뜻이고 에렉투스는 '똑바로 서다'(straight), '세우다'는 뜻입니다. 영어로 이렉트(erect)입니다.

등을 세워 똑바로 선 채 두 발로 걷기 시작한 인류는 아프리카를 떠나 거대한 대장정을 시작했지요.

나그네가 된 원숭이

'나그네'라는 우리말은 아름답습니다. 어원은 더욱 아름답죠. '나간 사람'이라는 뜻인데, 문지방을 넘어 방에서 뜰로 나가고, 뜰에서 대문 빗장을 풀어 문밖으로 나가는 사람입니다. 조금씩, 낯익은 것으로부터 낯선 세상 밖으로 나간 사람이 나그네입니다.

사방의 좁은 벽에서 벗어나 무수한 문밖, 그 문과 문 사이의 길을 걷는 보행자가 되는 겁니다. 문화인류학자들은 말하죠. "사람은 어떤 동물보다도 많이 걷는 데 그 특성이 있다"고요. 인간과 가장 가까운 침팬지나 고릴라는 하루에 기껏 걸어봐야 3km 이상을 벗어나지 못한다고 해요. 그러나 수렵·채집 시대의 원인들은 하루의 보행거리가 30km를 넘었다고 합니다.

원숭이 손은 인간과 똑같이 물건을 잡을 수 있지만 발의 구조는 달라요. 원숭이는 다리로도 나뭇가지를 잡을 수가 있도록 되어 있어요. 그래서 우리의 상식과는 달리 잡는 능력보다는 오히려 걷는 능력에서 원숭이와 인간의 차이가 생겨나요. 한마디로 걸어서 '나그네'가 된 원숭이만이 인간이 된 겁니다.

나그네 인류는 '아웃 오브 아프리카'(아프리카 탈출)에서 시작됩니다. 인류학자들은 그것을 '그레이트 저니'(Great Journey)라고 불러요. 무엇 때문에 인간은 편안한 열대의 정글과 초원을 떠나 눈과 얼음으로 뒤덮인 북녘 설원을 횡단해야만 했을까요?

걷는다는 것, 나그네라는 것, 밖으로 나가는 보행의 의지와 그 자유는 지금도 계속되고 있습니다. 사람들은 이제 걷지 않고 무엇인가를 탑니다. 말을 타고 배를 타고 자동차와 기차와 비행기를 탑니다. 그러나 전쟁은 언제나 보병(步兵)이 걸어 들어가는 것으로 끝나듯이 궁극적으로 '타는' 문화는 '걷는' 문화에 의해서 종결되죠. 어떤 이동수단[乘用物]도 보행의 의지와 자유를 대신할 수가 없습니다.

멈추고 싶으면 멈추고 가고 싶으면 갑니다. 길이 없어도 걷습니다. 중력을 거슬러 등뼈를 똑바로 세우는 오기를 두 발로 증명하죠. 어느 짐승이 이렇게 걸을 수 있나요. 한 발 한 발 앞으로 걸어갈수록 새로운 지평이 다가

옵니다. 그리고 그만큼의 새로운 풍경이 펼쳐져요. 그때 비로소 굴러가는 바퀴로는 도저히 느낄 수 없는 여행의 참된 신체성(身體性)을 발견하죠. 보행을 통해 '나'는 수송된 여객이 아니라 '나' 자신이 됩니다. 아주 천천히 '나'는 나그네가 되는 것이죠. 나그네의 그 리듬을 상실할 때 모든 승용물의 의미도 함께 사라져요.

몽골로이드의 길고 긴 보행은 지금도 계속되고 있습니다. 그것이 국경 없는 세계화이든, 사이버 스페이스(컴퓨터 네트워크 상의 가상공간)이든, 위험과 희망이 도사린 벤처의 길이든 인류의 '그레이트 저니'는 중단될 수 없지요.

'아웃 오브 아프리카'와 다지역 연계론

현생인류인 호모 사피엔스가 아프리카에서 나와 전 세계로 퍼졌다는 가설이 앞서 말한 '아웃 오브 아프리카'입니다. 고인류학에서는 이를 완전 대체론(Complete Replacement)이라 부릅니다. 아프리카에서 떠난 인류가 전 세계로 확산, 이주하면서 5대양 6대륙에 퍼졌다는 겁니다.

'제노그래픽 프로젝트'(Genographic Project)를 이끈 스펜서 웰스(Spencer Wells) 박사팀이 지난 1987년 DNA 연구를 통해 인류의 기원이 아프리카인이라는 주장을 뒷받침했지요.

사람의 '미토콘드리아 DNA'(mtDNA)가 모계를 통해서만 전해진다는 사실에서
출발해 현 인류의 가계도를 거슬러 올라가 보니 현대인의 근원지가 아프리카 대
륙이었고, '미토콘드리아 이브(Eve)'인 어느 여성이 인류의 공통 조상이 된다는
것이었어요.

'미토콘드리아 DNA'를 풀어서 설명하자면, 사람의 세포는 세포 핵 속에 유전 정
보(DNA)를 담고 있어요. 핵 바깥에 있는 에너지 생산 소기관인 미토콘드리아도
DNA를 갖고 있습니다. 그런데 이 미토콘드리아는 핵 속 DNA와 달리 어머니에
서 딸에게만 모계 유전이 됩니다. 따라서 이를 추적해 올라가면 궁극의 조상을
찾아낼 수 있다는 겁니다.

그러나 최근에는 '아웃 오브 아프리카'가 다지역 연계론(Multiregional Continuity)
에 도전을 받고 있습니다. 다양한 인류들이 다양한 시점에서 계속 유전자를 서로
교환하면서 같은 종을 유지해 왔다는 가설입니다.

현생인류의 기원이 아프리카만이 아니라 유럽, 아시아 등 각 대륙에 이미 거주하
던 인류 집단이 있었다는 것이죠. 아시아의 호모 에렉투스, 유럽의 네안데르탈인
등의 전 현생인류 집단이 지속적인 유전자 교류를 통해 전 세계로 확산했다는
겁니다.

지난 2003년 인도네시아 플로레스섬에서 발견된 '플로'(호모 플로레시엔시스), 남아
공에서 발견된 호모 날레디가 대표적인 예입니다. 루시(뇌용량 420cc)에 비해 자그
마한 플로(뇌용량 380cc)는 작은 몸집 때문에 '호빗족'이라는 별명이 붙을 정도였
어요.

루시처럼 350만 년~300만 년 전 아프리카에서 나옴 직한 인류의 조상이 인도
네시아에서 10만 년~6만 년 전에 나왔다는 사실이 고인류학계에 충격을 주었
죠. 현재까지의 통설은 인류가 호모 에렉투스의 단계 이전에는 아프리카를 벗어
나지 않았다는 것이지만, 실제로는 그전부터 이미 아프리카를 벗어나 동남아시
아 등의 여러 지역으로 진출했을 가능성이 제기되고 있습니다.

세계적 석학인 미국 캘리포니아 리버사이드대 인류학과 이상희 교수는 "21세기
고인류학이 지향하는 모델은 브래드 피트가 주연했던 영화〈흐르는 강물〉(A River
Runs Through It)처럼 마치 강이 갈라졌다 합쳐지고 갈라졌다 합쳐지듯 계속 혼종
이 일어났을 것"을 강조합니다.

킵초게의 조상들

코로나 팬데믹이 종결되던 2022년 9월 베를린 마라톤 대회에
서 케냐 출신의 엘리우드 킵초게(Eliud Kipchoge · 1984~)가 우승했습니
다. 마라톤 세계 최고 기록인 2시간 1분 9초를 달성했어요. '마(魔)의 벽'
으로 통하는 2시간에서 불과 69초 차이밖에 나지 않는 대기록이죠.

사실 킵초게는 34살 때이던 2019년 2시간대를 깨며 비공인 마라톤 세계
신기록을 창조해낸 인물입니다. 오스트리아 빈 대회에서 1시간 59분 40.2

초로 우승했지요. 다만 국제육상연맹은 마라톤 규정에 맞지 않는 코스가 있었다는 이유로 공인 기록으로 인정하지는 않았죠.

킵초게는 '그레이트 리프트 밸리'(Great Rift Valley)라고 부르는 해발 2000m의 고산 지역에서 태어나고 자랐습니다. 이 지역을 케냐말로 '칼레진'이라고 하는데 칼레진 출신들은 날씬한 몸매와 긴 다리를 가졌으며, 키도 크고 보폭이 넓다고 합니다. 이들은 모두 달리기 위해 태어난 사람들(Born to be a Runner)이죠. 칼레진 출신만의 특별한 유전자를 창조해내는 가장 중요한 요소는 고산지대 생활입니다. 킵초게의 파워는 케냐 특유의 자연, 환경, 사회생활의 결과물이라는 설명이 가능하죠.

이 그레이트 리프트 밸리, 서아시아의 시리아 북부에서 동아프리카의 모잠비크 동부에 걸쳐 아프리카 대륙의 동쪽을 따라 5000km에 걸쳐 발달한 대지구대(大地溝帶)는 아주 특별한 곳입니다. 지난 2005년 9월 바로 그곳에서 사상 최초의 침팬지 화석이 발견되었고, 그 화석의 아주 가까운 곳에 인류의 화석도 함께 발견됐다고 합니다. 오늘날 콩고나 서아프리카의 밀림처럼 인간과 침팬지가 이웃해 살며 같은 장소에서 공존했음을 보여주는 첫 증거인 셈이지요.

50만 년 전 리프트 밸리는 지금보다 훨씬 습기가 많고 초목이 우거졌을 가능성이 크다고 합니다. 부근에서 물고기와 하마, 영양, 버펄로, 원숭이 등 습한 것을 좋아하는 동물들의 화석이 발견되었어요.

아프리카 열대우림에서 침팬지와 인류 원인은 서로 공존하며 살았을 겁니다. 그런데 그들이 모르는 사이 아프리카 대륙이 두 쪽으로 갈라지면서 유라시아판과 만나게 되었어요. 맨틀이 좌우로 움직이면서 화산 활동이 활발해져 갑자기 협곡과 산맥, 그리고 지금의 에티오피아고원이 생겨났습니다.

그 결과 어떤 일이 벌어졌을까요? 아프리카 전역에 있던 열대우림이 적도를 중심으로 한 대륙 중앙의 중서부지역으로 쪼그라들게 되었습니다. 대신 거대한 사바나 지역이 형성되었어요. 다시 말해 푸른 초원이 생겨난 것이지요.

인류의 조상이 네발 대신 두발 보행을 택한 이유

열대우림이 사라지면 어떤 일이 생길까요? 그동안 침팬지와 인류의 조상은 서로 다툴 일 없이 잘 살았어요. 늘 풍족한 열매가 열리고 숲이 우거져 뜨거운 태양을 피할 수 있었고, 숲속에 숨어버리면 사자나 표범, 하이에나 같은 맹수의 공격도 피할 수 있었어요.

그런데 우림이었던 지역이 초원으로 바뀌면서 낙원이 사라지게 됩니다. 그럼 두 가지 중 하나를 선택해야 합니다. 밀림에 그냥 남느냐, 초원으로 떠나느냐. 대부분의 영장류들은 밀림을 택합니다. 초원엔 싱싱한 사철 열매가 없고, 맹수의 공격도 피할 수 없으니까요.

그러나 경쟁이 치열한 열대우림에 남아 있기도 여간 힘들지 않죠. 목숨을 건 투쟁에서 승리해야 하니까요. 결국 인류의 조상은 살기 위해 초원으로 나갈 궁리를 하게 되고 결국 숲을 떠나, 나그네가 되어 허허벌판에 섭니다.

먹을 것을 찾아, 맹수를 피해 이동하기 위해서는 이족(二足)보행이 손등보행, 사족(四足)보행보다 훨씬 유리했습니다. 두 다리로 움직이면 네 다리에 비해 느린 것이 사실입니다. 사슴, 영양이나 노루가 뛰는 것을 떠올려보세요. 하지만 오래 걷기에는 이족보행이 훨씬 낫습니다. 네발로 걸으면 그만큼 에너지가 더 들어가 오래 지속하기 힘들다고 해요. 인간이 네발을 버리고 두발을 택한 이유입니다.

이족보행이 필요했던 다른 이유도 있습니다. 채집한 혹은 사냥한 열매나 짐승을 들거나 짊어지고 이동해야 했고, 사나운 맹수에 맞서 돌멩이나 몽둥이 같은 도구를 써야 했기 때문입니다. 그리고 점점 세월이 흘러 꼬리도 사라지게 됐어요. 숲에 있었으면 나무를 타야 했으니 꼬리가 필요했을 테지만 들판에선 꼬리가 무용지물이었죠. 초원의 인간 선조들에게 꼬리는 오히려 방해가 됐을 겁니다. 꼬리가 없어지면서 허리를 꼿꼿이 펴고 걸을 수 있게 됐고, 머리를 들어 더 멀리 보게 되었습니다. 시야가 트이게 된 것이죠. 더 멀리 보면서 더 먼 곳으로 갈 수 있었던 겁니다.[1]

---

1 박재용의 《이렇게 인간이 되었습니다》(2022), 〈리프트 밸리서 최초의 침팬지 화석 발견〉(연합

그러나 그런 중요한 변화들은 늘 대가를 치러야 했습니다. 사족보행에서 직립보행을 통해 자유로운 두 손을 가지게 되고, 그것으로 도구를 사용하고 문화를 만들고 문명을 만들어냈으니 직립보행은 좋은 거라고 우리는 알고 있어요. 하지만 세상엔 공짜가 없는 법이지요. 항상 대가가 따랐어요. 직립보행으로 인해 인류는 요통과 심장질환을 가지게 되었고 골반 부위에서 추간판이 돌출하는 사례가 빈번하게 발생했다고 합니다. 우리가 만일 직립보행을 하지 않았다면 정맥류에도 걸리지 않았을 겁니다. 중년에 이르러 심장이 약해지고 발에 부종이 생기는 문제도 직립보행과 관련이 있다고 해요[2]

또한 진화론자들은 직립보행이 정착하기까지 수십만 년에서 수백만 년이 걸렸을 것으로 추정합니다. 또 처음부터 직립보행이 성공적인 모델은 아니었을 것으로 봅니다. 하지만 여러 장단점 중에서 그래도 장점이 있는 쪽을 선택해서 인류는 '끈기 있게' 다가섰던 겁니다.

인간은 오랜 역사적 흐름 속에서 결국 '끈기 있게' 달리는 장거리 주자가 되었습니다. 맹수나 포식자를 피해서 전력 질주할 수 있는 단거리 능력이 없는 것은 아니지만, 아무리 빨라도, 우사인 볼트가 거의 시속 43km의 속도로 달려도 타조나 캥거루, 치타보다 느립니다. 그 짐승들은 시속

뉴스, 2005. 9. 2.) 참조.

2 후베르트 필저의 《최초의 것》(2012, 지식트리) 참조.

70km 이상의 속도로 달리니까요.

인간의 진화는 단거리보다 장거리를 택하면서 진화했어요. 이 과정에서 '끈기'가 필요했습니다. 사냥할 때 끈기 있게 달려서 자신들보다 더 빠른 짐승들을 사냥할 수 있었던 거예요. 빠른 짐승들의 네발이 지쳐 고꾸라져도, 인간의 두발은 지치지 않고 '끈기 있게' 뒤쫓을 수 있었습니다.[3]

그런데 오직 인류만 '아웃 오브 아프리카'를 했을까요? 아프리카에 건조화가 시작되면서 동물들도 점점 정글에서 떠나야 했겠지요. 동물의 생식 범위가 점점 넓어지게 되어 인류의 조상과 더불어 아프리카와 유라시아의 경계를 넘어서게 됐을 겁니다. 즉, 여러 종의 포유류가 아프리카를 벗어났고 이 '그레이트 저니'에 동참하게 됩니다. 그렇게 세상 밖으로 첫걸음을 떼게 되었지요.

'달리기 위해 태어난' 것 같은 킵초게 같은 나그네가 아프리카를 벗어나 유럽으로 시베리아로 아메리카 대륙으로 걷거나 뛰어가는 모습을 떠올려 보세요. 뭔가 뭉클한 게 느껴지지 않나요?

인류와 유인원의 공통 조상

중앙아프리카 사막에서 발견된 사헬란트로푸스 차덴시스(Sahelanthropus

---

3 《최초의 것》 참조

tchadensis)는 600만 년~700만 년 전의 지층을 조사하면서 발견된 화석입니다. '아웃 오브 아프리카' 이전에 존재했던 인류와 유인원의 공통조상으로 추정하죠. 흔히 공통조상에서 인류와 유인원(침팬지)이 어느 순간 갈라진 지점이 바로 인류의 조상이라고 봅니다. 인류와 침팬지가 언제 갈라졌을까요? 고인류학에서는 갈라진 시점을 약 500만 년 전으로 보고 있습니다. 살아 있는 인간과 침팬지의 혈청을 뽑아 공통조상 분리시기를 측정한 결과, 500만 년이라는 그 누구도 몰랐던 시간을 특정할 수 있었지요.

또한 최근 연구에서 인류와 유인원의 공통조상인 차덴시스는 사람과인 것은 '분명'하지만 이족보행을 했을 가능성이 없거나 손등을 땅에 짚고 걸어 다니고 나무 위에서의 생활과 이족보행을 병행했을 것이란 가설도 제기되었습니다.

인류, 최초의 이주자

현생인류의 조상이 아프리카를 벗어나 다른 대륙으로 이주를 시작한 것은 대략 6만~7만 년 전이라고 합니다. 오늘의 우리 눈으로 보면 1만 년의 시간은 거의 인간의 상상 속에서만 존재할 수 있는 기간이죠. 1만 년을 어찌 쉽게 가늠할 수 있겠어요?

어쨌거나 인류 최초의 대이동을 살펴보면, 미지를 향해 떠나라는 요구가 인간의 사고 능력에 긍정적인 영향을 미쳤음을 짐작할 수 있어요. 인간은 낯선 곳을 지나치며 환경에 적응하는 방식을 배우게 되고 도구를 사용하는 능력을 발전시켰고, 그것은 뇌의 발달에도 영향을 미쳤을 겁니다. 끊임없는 이주와 정착은 인간 존재의 기본 상수일지 모릅니다.

한용운(韓龍雲 · 1879~1944)의 시 〈님의 침묵〉에서 배웠던 '회자정리 거자필반'(會者定離 去者必返)이란 말이 생각납니다. 만나는 사람은 헤어짐이 정해져 있고, 떠난 사람은 반드시 만나게 되어 있다는 뜻입니다. 이주와 정착, 이별과 만남의 인간 본성을 담고 있지요.

그래서 인간은 "천성적으로 이주자이며, 이동성과 이주는 시대를 막론하고 언제나 우리 행동의 일부"[4]였습니다.

인간은 이런저런 불가피한 이유로 미지의 공간으로 밀고 들어가야 했습니다. 이 과정에서 자신의 능력을 최대한 발휘하게 되고 생존을 위해 모든 적(敵)들에 맞서 싸우는 용기가 필요하였죠. 이때 '적'이란 내면의 두려움도 포함하고 있어요.

인간은 해마다 천천히 앞으로 나아가 차츰 새로운 지역으로 진입했습니다. 그렇게 새로운 삶에 적응했지요. 처음엔 그다지 큰 모험이라고 할 수 없었을지 모릅니다. 그러나 때로는 자신들 앞에 무엇이 기다리고 있을지

---

4 《최초의 것》에서 인용.

모르는 진정한 개척자가 되기도 했을 겁니다.

상상해 보세요. 최초의 몽골로이드는 산맥과 고원과 빙하지대를 지났던 겁니다. 그러나 여기에 그치지 않고 최초의 아메리카인들은 거친 시베리아 벌판과 알래스카와 같은 수백 km의 빙하와 얼음 벌판을 가로질러 천천히 북쪽에서 남쪽으로 향했습니다. 사막을 만나야 했고, 원시림을 헤쳐야 했으며 굶주린 맹수들의 습격을 견뎌야 했지요. 이들이 남아메리카에 정착하기까지 얼마나 오랜 시간이 흘렀을까요? 일부는 걷지 않고 배를 타고 알래스카 해안을 따라서 오늘날의 칠레나 아르헨티나까지 노를 저어갔을 겁니다.

이런 상상만으로 피가 뜨거워지지 않나요? 최초의 이주자 중 일부는 살기 좋은 곳에 정착한 이들도 있을 겁니다. 그러나 일부는 또다시 등짐을 싸서 길을 재촉했지요.

사실 재촉할 길은 없었습니다. 없는 길을 만들며 한 걸음 한 걸음 내디뎌야 했겠지요. 길이 집이고 삶이며 생명이었습니다. 누구도 저 안데스산맥 너머 약속의 땅이 있다고 말해주지 않았지만, 막연한 희망이 그들을 다시 떠나게 만들었던 겁니다. 아니, 누군가 귀엣말로 약속의 땅이 있다고 말해주어도 믿지 않았을 겁니다. 왜냐하면 내 눈으로, 내 손과 발로 확인하기 전까지 어느 것도 실체로 다가오지 않으니까요.

인류의 조상이 나그네가 되어 안데스산맥을 넘는 광경은 상상만 해도 가슴이 벅찹니다. 아마존 정글의 원주민으로 살아가기까지 겪어야 했던 도

보의 시간들은 어쩌면 기적과도 같을지 모릅니다.

남방계 몽골리안 이야기

인간 진화생물학자들은 '아웃 오브 아프리카' 경로가 두 개의 길로 나뉘었을 것으로 추정합니다. 하나는 유럽으로, 또 다른 하나는 인도를 거쳐 아시아의 남쪽으로 갔을 것으로 봅니다.

비록 피부색에 따른 인류 기원의 구분이 매우 제한적이지만, 코카소이드, 몽골로이드, 니그로이드 인종의 구별은 크게 보면 아프리카에서 시작된 인류 대장정의 루트에 근거한다고 할 수 있어요. 지금보다 해수면이 낮았던 5만~6만 년 전, 당시에는 육지였던 곳이 지금은 바다로 변한 곳이 많았을 겁니다.

코카소이드는 아프리카 대륙을 벗어나 유럽대륙의 캅카스산맥까지 다다른 인류로 지금의 서양인들입니다. 코카소이드의 이동 경로에서 알 수 있듯 이들은 추위를 모릅니다. 지금의 러시아 사람들 역시 이 부류에 속하지만, 처음부터 시베리아에 살던 사람들이 아니라 문화와 문명이 생기고 난 이후에 넓디넓은 러시아 땅에 정착한 사람들이죠. 난방시설이 되어 있고, 모피 코트로 몸을 감싼 후에 추위를 경험한 사람들과 알몸으로 추위를 견딘 사람들은 당연히 다르겠지요?

두 번째 몽골로이드는 코카소이드보다 더 먼 길의 여정을 택한 인류입니다. 결국 가장 긴 거리를 걸어 몽골까지 도착한 인류지요. 한국인 역시 이 분류에 속합니다.

그런데 몽골로이드는 두 갈래로 나뉩니다. 7만 년 전부터 남쪽으로 이동하면서 현재의 중국을 거쳐 남방 루트를 택해 일본까지 간 몽골로이드를 '고(古)몽골로이드'(남방계)라 불러요.

이들 중 일부는 해안을 따라 지금의 동남아시아를 거쳐 호주까지 이동했을 것으로 보입니다. 그곳에서 5만 년이나 된 그들의 화석이 발견된 것은 이 같은 사실을 확인할 수 있죠.

다만 어떻게 이동했는지는 수수께끼입니다. 아시아 본토와 인도네시아 사이에 '육교'가 있던 시기에 이들이 이동했다고 하면 이해하기 어렵지 않지요. 여기서 육교란 해면 수위가 낮았던 빙하기에 얕은 바다 위로 등성이를 드러내던 육지를 가리킵니다. 또한 인도네시아에서 보트나 갈대를 묶어 만든 뗏목을 타고 뉴기니섬으로 이주했을 것입니다.

그러나 뉴기니에서 오스트레일리아로 가려면 100km나 항행(航行)하지 않으면 안 됩니다. 이런 위험한 일을 시도한 이유를 쉽게 찾기 힘들어요. 그럴 수밖에 없었던 절박한 이유가 있었을지 몰라요. 폭풍을 만나 마지못해 바다를 건넜을 수도 있었어요. 이런 이들의 자손을 애버리지니(Aborigines)라 부릅니다. 애버리지니는 오스트레일리언 오리진(Australian Origin)의 줄임말입니다. 1788년 영국에서 건너온 백인들이 원주민들의 땅을 빼앗으며 철저히 말살시켜 25만~75만 명까지 추산되던 인구가 순식간에 줄어들어 20세기 초반에는 겨우 3만여 명만 살아남았다고 하죠.

지금의 호주인 남쪽으로 이동한 몽골로이드는 남방계로 파키스탄, 인도네시아, 일본의 오키나와 같은 곳으로 퍼진 사람들입니다.

　　　북방계 몽골리안 이야기

　　　이와 함께 몽골로이드의 다른 갈래로 남쪽에서 시작해 4만 년 전 시베리아 북쪽으로 북상(北上), 신빙하기에 바이칼호(湖) 근처에 갇힌 채 혹독한 추위를 견디며 살아남은 사람들이 있었습니다. 이들이 바로 '신(新)몽골로이드'(북방계)입니다.

그리고 그중 추위를 겪어 지금 우리와 같은 몸의 형태를 가지게 된 사람들이지요.

마지막으로 아프리카에서 떠나지 않은 사람들, 그 자리에 주저앉은 사람들을 우리는 니그로이드라 부릅니다.

코카소이드, 몽골로이드, 니그로이드는 얼굴에 각각의 특징을 가지고 있어요. 안면과 두개골 구조와 형태 역시 다릅니다. 우리는 흔히 인종을 피부색으로 구별하지만, 인종이라는 것은 피부색 이전의 문제입니다. 피부색은 우리 스스로가 정해놓은 하나의 틀일지도 모릅니다.

그럼 우리의 직접적 조상이라 할 수 있는 신몽골로이드에 대한 이야기를 좀 더 나눠볼까요?

몽골로이드는 '아웃 오브 아프리카', '아프리카 탈출'을 택한 인류의 조상 중에서도 가장 긴 여정을 택한 인류입니다. 그들은 시베리아 쪽 추운 지대로 들어가 인류의 마지막 빙하기인 신빙하기가 도래한 후 얼음 속에 갇혀버리고 맙니다. 나가질 못한 것이죠. 그들이 갇힌 곳, 그곳이 바이칼 호수입니다.

같은 몽골로이드라 할지라도 바이칼 호수의 혹독한 추위를 경험했는가, 경험하지 못했는가에 따라 많은 차이가 발생합니다. 한국인의 얼굴에는 바이칼호의 추위가 서려 있어요. 오염되지 않은, 지구상에서 가장 깨끗하고 맑은 바이칼 호수! 그 신비한 호수에 자신의 얼굴을 비춰본다면 우리 선조들의 얼굴을 볼 수 있을 겁니다.

1998년 12월 러시아 바빌로프유전자원연구소(Vavilov Institute of Plant Genetic Resources, VIR)의 일리야 자하로프(Ilya Artemyevich Zakharov) 박사가 미국 유전학 전문지 《휴먼 제네틱스》(Journal of Human Genetics)에 '몽골 북부와 시베리아 경계지역에 살고 있는 투바(Tuvan)족이 오늘날 아메리카 인디언의 조상일 가능성이 높다'는 내용의 연구논문을 발표한 일이 있어요.

투바족은 몽골 북부와 시베리아 경계지역인 타이가 대평원에 살았는데 지금은 러시아 연방 내 자치공화국(투바 공화국)을 형성하고 있습니다. 수

043

도는 크즐이고 인구는 2021년 현재 33만 6651명에 이릅니다. 투바족은 튀르크어계의 언어를 쓰는 유목민들로 낙타, 양, 염소, 야크 등을 기른다고 알려져 있습니다.

자하로프 박사 연구팀은 1997년 모스크바에서 동서쪽으로 3400km 떨어진 아크 도부라크 지역을 찾아가 투바족 주민 300여 명의 머리카락 샘플을 채취했어요. 이 샘플을 바탕으로 아메리카 원주민인 에스키모족, 아파치족, 나바호족의 머리카락 DNA와 비교 분석했는데, 놀랍게도 DNA 구조의 유사성이 69~72%로 나타났다고 합니다.

자하로프 연구팀은 또 중국인과 몽골인의 DNA도 비교했는데 유사성이 45%였다고 하지요. 그러니까 중국인 DNA보다 아메리칸 인디언과 몽골 부족의 DNA 구조가 더 유사하다는 사실은 놀라운 발견입니다.

과학자들은 약 3만~4만 년 전 아시아에 뿌리를 둔 사람들이 매머드 같은 동물을 쫓다가 시베리아 베링해협의 빙원을 건너 알래스카로 들어갔을 것으로 추정해 왔어요. 유전학자들은 아메리카 최초의 이주민이 중국의 북부지방이나 몽골에서 건너왔을 것으로 추정했는데 자하로프 박사의 DNA 연구결과는 이 같은 추정을 뒷받침하는 것이었어요.

동아시아인 기원에 대한 여러 학설

(엮은이의 말) 이어령 선생은 한국인이 시베리아의 극한 추위를 극복하고 한반도에 정착했다는 시베리아 기원설을 따르고 있습니다.

그러나 동아시아인의 기원은 학계에서 아직 명확히 정리되진 않았습니다. 일각에서는 중앙아시아와 시베리아의 수렵문화인들과 동남아시아에서 올라온 농경문화인이 섞여 지금의 한국-일본-중국의 유전 형질을 이뤘는데, 후자의 역할이 크다고 주장합니다. 이 주장으로부터 농경문화인이 우월하다는 전제가 깔리게 됩니다. 농경문화가 채집, 수렵보다 인구부양력이 뛰어나다는 것입니다.

물론 다른 연구도 존재합니다. 캅카스산맥과 우크라이나 초원에서 코카소이드와 동아시아인의 공통 조상이 탄생했고, 이 공통 조상 중에서 중동 근처에 계속 머문 무리가 코카소이드가 되었다는 겁니다. 그러나 저 멀리 동쪽으로 떠난 무리는 혹독한 시베리아의 자연환경을 견디며 점차 남하해 동아시아인이 되었으리라 추정합니다. 시베리아 기원설과 동남아시아 기원설을 둘러싼 논쟁은 여전히 진행 중입니다.

최초의 원시 농경과 한반도의 쌀 농사

그토록 추운 시베리아를 맨발로 건너온 한국인이 한반도에 정착한 이유가 뭘까요? 쌀농사 때문이 아니었을까요? 그리고 밥심으로 나라를 세우고 문명을 일구며 외부의 침략에 맞섰지요. 쌀의 유입 경로를 통해 한반도 정착 과정을 유추할 수 있습니다.

독일 쾰른에 있는 막스플랑크 연구소의 유전학자들이 인류 역사상 최초로 경작된 곡물의 근원지를 정확하게 확정지었다고 해요. 튀르키예 동남부의 카라카다그 화산 주변 지역이 외톨밀, 즉 씨알이 굵은 원시 밀의 원산지였다는 겁니다. 바로 거기에서 전 세계를 통틀어 최초로 곡물이 재배되었다고 합니다. 정확히 말하면 약 1만 1000년 전에 말이죠.

인류 조상이 처음부터 야생 곡물을 경작하려고 밭을 갈지는 않았을 겁니다. 몇 km에 이르는 사바나 지역을 울타리로 에워싸서 가젤이나 당나귀 같은 동물들의 접근을 감시했을 것으로 추정합니다. 원시 농경은 집단이나 부족 소유의 밭이 아니라 천연의 평원이 출발점이 아닐까요?

그러다가 시간이 지나면서 채집한 큰 낟알을 의도적으로 씨를 뿌리면서 농업이 시작되었습니다. 이후 경작을 생각하게 되고 식량 저장법, 종자 개량법도 점점 터득하게 되었을 겁니다.[5]

그렇다면 한반도에 쌀이 재배된 것은 언제일까요? 쌀의 기원은 중국으로부터 북쪽 대륙을 통해 육로로 들어왔다는 '북로설', 남지나해를 통해 섬과 섬을 거쳐 해류를 타고 들어왔다는 '남로설', 그리고 중국 양쯔강 하류에서 서해(황해)를 거쳐 직접 건너왔다는 '황해설' 등이 제기됩니다.

1982년 평양 호남리 남경유적에서 기원전 3000여 년 전의 볍씨가 무더기로 발굴된 적이 있어요. 2년 뒤인 1985년 인천 연평도 부근 우도와 경

---

5 《최초의 것》 참조

기 광주 도척면 궁평리에서도 볍씨 자국이 있는 기원전 3000~3500년 전의 토기들이 발견됐지요.

그리고 고대미(古代米) 발견은 이것으로 끝난 것이 아니었습니다. 발굴 사례가 계속해서 나왔죠.

1990년대 서울대 고고학과 임효재 교수 연구팀이 경기 김포 가현리의 토탄층을 조사하던 중 약 5000년 전의 탄화미와 각종 석기를 발견, 학계를 놀라게 했어요. 이로써 우리나라에서 가장 먼저 벼농사가 시작된 곳이 김포 평야지대란 사실이 공식화되었지요.

한편 중국 후난성(湖南省) 위찬옌(玉蟾岩) 유적에서 출토된 1만 2000년 전 볍씨와 양쯔강 하류 허무두(河姆渡) 유적에서 발견된 8000년 전 볍씨가 가장 오래된 것으로 알려졌지요. 이것이 지금까지 주류 학설이었어요.

그런데 2003년 미국에서 열린 제5차 세계 고고학대회에서 충북 청주에서 1만 3000~1만 5000년 전으로 추정되는 고대 벼가 발견됐다는 사실이 처음 공개됐습니다. 벼농사 기원이 중국이 아닌 한국이란 거지요. 정말 놀라운 발견이었습니다.

청주 '소로리 볍씨'가 세계에서 가장 오래된 볍씨로 드러나자 청주시는 볍씨 발굴지(청주 흥덕구 옥산면 소로리)에 공립박물관 건립을 추진키로 하고, 이르면 2026년 공사에 착수한다고 해요.

다만 세계 학계에서는 벼농사 기원이 한국이라는 주장에 동의하지 않는 분위기입니다. 농업 자체가 메소포타미아 지역에서 시작되어 전 세계로 퍼졌을 것이라는 점, 야생 벼가 아열대 작물로 한반도 내에 자생하지 않는 점을 이유로 듭니다.

추위를 이겨낸 한국인의 얼굴

여러분에게 질문을 하나 해볼까 해요. 광복 이래 70여 년 동안, 한국인의 모습 중 무엇이 제일 많이 바뀌었을까요? 사람들은 각자 대답이 다를 것입니다.

그중 하나가 바로 '얼굴'이에요. 몇십 년 전 사진을 꺼내보면 바로 이 말에 수긍할 겁니다. "이게 한국인가?" 할 정도니까요. 성형수술을 해서가 아니라 얼굴 그 자체가 많이 바뀌었어요. 이를 알 수 있는 귀중한 자료들이 있습니다. 국권 병탄(併呑) 이듬해인 1911년 조선총독부는 전국 128개 군의 남녀에 대해 4~8명씩 정면과 측면을 촬영하여 사진마다 고유번호를 붙이게 했어요.

지금과 달리 카메라가 발달하지 않았던 때라 유리에 감광액을 칠해 만든 흑백사진입니다. 유리 원판인지라 몇 장이라 해도 무게가 만만치 않았을 겁니다. 현재 국립중앙박물관에 소장되어 있는데 약 110년 전 우리 선조들의 얼굴을 보는 귀중한 자료가 되고 있어요.

두 번째 자료는 조용진 얼굴연구소장이 1986년부터 촬영 수집한 한국인

의 약 3000명분의 얼굴 사진입니다. 3차 곡면인 얼굴의 형상을 지도책에
나오는 등고선 모양으로 그어 보관하고 있어요.

조용진 선생은 '미술해부학'이라는 새로운 영역을 개척했어요. 험난한 히
말라야 정상을 향해 산을 오르는 산악인에게 현지에 능통한 셰르파가 필
요하듯, 몇십만 년을 거슬러 올라가야 하는 우리의 '얼굴 찾기'에 중요한
가이드를 해주신 분입니다.

인간이 자신이 가지고 있는 얼굴을 연구하는 데에는 과학적인 분석이 중
요합니다. 문화적인 껍질을 다 벗겨낸, 온전하게 생물학적인 얼굴과 마주
하는 방법은 그것밖에 없어요. 하지만 최종적으로 한국인의 얼굴을 알려
면 그런 과학에 문화가 결합된 나침반이 필요합니다. 그 새로운, 제3의
길에서 진짜 우리의 얼굴이 드러날 거예요.

우리의 맨얼굴은 조상님이 주신 것이요, 결국 유전자를 통해서 형성된 것
입니다. 그렇다면 2000~3000년 전에 한반도에 정착한 우리 선조들의
얼굴과 지금 이 시대를 살아가는 우리의 얼굴은 얼마나 달라졌을까요?
또 그들과 우리가 가지고 있는 공통점은 무엇일까요? 수천 년이 흘러도
변하지 않는 한국인의 얼굴, 그 얼굴을 알아볼 수 있어요.

얼굴로 세상 읽기

조용진 소장은 홍익대 및 대학원에서 동양화를 전공했고 가톨릭의대에서 7년
동안 인체해부학을 연구하였으며, 일본 도쿄예술대학에서 박사과정을 수료(미술

학 박사 취득)하였습니다. 서울 교대, 한서대 보건학부(부설 얼굴연구소 소장), 한남대 미술대학 교수로 재직했습니다. 현재는 조용진얼굴연구소 소장, 한국뇌학회 이사, 문화관광부 국가표준영정 동상 심의위원이자 일본미술해부학회 이사, 일본얼굴학회 회원으로 활발히 활동하고 있습니다. 저서로《불상계측법》,《동양화 읽는 법》,《우리 몸과 미술문화》,《채색화 기법》,《서양화 읽는 법》,《얼굴, 한국인의 낯》,《서양화 읽는 법》,《한국인의 얼굴 몸 뇌 문화》 등이 있습니다.

유전학에서 보는 한국인 얼굴

2022년 6월 21일 울산과학기술원(UNIST) 게놈센터, 국립중앙박물관, 국립김해박물관, 서울대학교, 게놈연구재단, 오스트리아 빈(Wien)대학교, 클리노믹스 연구팀이 국제학술지《커런트 바이올로지》(Current Biology)에 중요한 논문 한 편을 게재했지요.

연구팀은 서기 300~500년 가야 지역 무덤 주인과 순장된 유골의 유전체(게놈)을 분석했습니다. 이 유골은 김해 대성동 고분군과 유하리 패총 두 곳에서 출토된 것인데 현대 한국인과 유전적으로 상당히 닮았다고 합니다.

고대 가야인 8명 중 6명은 굵은 직모와 갈색 눈, 검은 머리카락을 가지고 있었을 것으로 예측됐으며 유전적으로 현대 한국인, 고훈(古墳)시대 일본인(3세기 중반부터 7세기 말), 신석기시대 한국인과 유전적으로 가깝다는 사실을 밝혀냈어요. 다시 말해 고대와 지금의 한국인이 유전적으로 높은 연속성을 가지고 있다는 겁니다.

특이한 점은 고대 가야인 중 1명의 유전자가 러시아 프리모리예(연해주) 지역에서 발견된 고대 인골의 모계 혈통과 동일했다고 합니다. 블라디보스토크가 있는 연해주는 한반도와 매우 가까워 역사적으로 교류가 많았습니다.

프리모리예에서 발견된 고대인들과 유전적으로 가장 가까운 현대인은 러시아 아무르강 하류에 사는 울치(Ulch) 사람들로 약 1만 년 전부터 이 지역에 살았던 것으로 추정됩니다. 군이 따지자면 고구려와 발해가 다스리던 땅, 혹은 여진족들이 살던 땅입니다. 따라서 이 고대 가야인이 북방계일 가능성이 높아요. 게다가 순장된 무덤을 연구해보니 지배층일 가능성이 높았다는 겁니다.

그런데 고대 가야인 중 2명은 고대 일본 조몬인과 가깝다는 사실이 밝혀졌어요. 이 조몬인 혈통 2명 중 1명은 직모를 가졌던 나머지 7명과 달리 곱슬이나 반곱슬 머리를 가졌던 것으로 추정됐습니다.

조몬인은 현대 동아시아인과 유전적으로 차이가 있는 일본 열도 토착민입니다. 야요이인들이 벼농사를 가지고 일본 열도에 정착한 후 그 수가 급격히 줄어들었던 것으로 추정됐지요. 현재는 현대 일본인의 약 9%만이

바이칼호에 비친 내 얼굴

악마문 동굴. 러시아 프리모리예 소재

동북아시아 고대인의 유전자 지도. 중앙의 바이칼호부터 가장 동쪽의 악마문 동굴까지 높은 유전적 연관성을 보인다.

조몬인 계통입니다.

연구팀은 옛 한반도는 유전적 다양성이 더 높고 더 다양한 혈통의 사람들이 살았던 것으로 결론지었습니다. 그러나 부족이나 국가, 국경의 개념이 생겨나 인구의 이동이 제한되면서 삼국시대 이후 상대적인 유전자 고립으로 인해 다양성이 줄어든 것으로 보입니다.

시간을 50년 전으로 돌려 볼까요. 1973년 두만강 북쪽 러시아 블라디보스토크 위쪽의 한 동굴에서 중요한 발굴이 이루어졌습니다. '악마문 동굴'로 불리는 이 장소에서 7000년 전에 살았던 신석기인 5명의 유골이 나왔던 거죠. 하지만 그 당시에는 지금만큼 과학적인 게놈(유전체) 분석 기술이 없었어요.

2017년에서야 앞서의 신석기인들 가운데 두 명의 두개골에서 추출된 DNA를 이용해 게놈을 분석하게 되었습니다. 이 연구결과는 국제 학술지 《사이언스 어드밴스》(Science Advances)에 게재되었어요.

놀랍게도 이곳의 신석기인은 현대 한국인과 유사한 유전 특성을 가진 것으로 확인됐습니다.

고대인의 게놈 분석을 통해 한국인의 생물학적 뿌리를 찾은 것이죠.

갈색 눈과 삽 모양 앞니의 유전자가 확인됐습니다. 우유를 소화하지 못하는 유전변이, 고혈압에 취약한 유전자, 몸 냄새가 적은 유전자, 마른 귓밥 유전자도 나타났습니다. 전형적인 한국인의 북방계 유전 특성과 같습니다.

울산과학기술원 연구팀은 이 북방계 신석기인과 남방계 아시아인이 수천 년간 유전적으로 섞이면서 현대 한국인이 탄생했다는 사실도 확인했습니다.

다시 말해 북방계를 대표하는 고대 악마문 동굴인과 현대 베트남 및 대만에 고립돼 살고 있는 원주민의 게놈(유전체)을 슈퍼컴퓨팅을 통해서 융합했더니 현대 한국인의 게놈과 아주 유사하더라는 겁니다.

또 남방계와 북방계 두 계열의 혼합 중에서도 실제 한국인은 남방계 아시아인과 유전적 구성이 가까웠다고 합니다. 특히, 한국인과 일본인, 중국의 한족은 유전자의 동일성이 매우 높게 나타났습니다.[6]

《얼굴은 답을 알고 있다》(2013)의 저자인 명지대 정보통신공학과 최창석 교수는 공학자이면서 한국인의 얼굴을 분석한 학자입니다. 그의 연구에 따르면 우리나라는 인구의 50~60%가 북방계형 얼굴을 갖고 있다고 합니다. 그러니까 40~50%는 남방계형 얼굴이라는 뜻이지요.

북방형, 혹은 북방계 얼굴은 1만 3000년 전까지 시베리아의 바이칼호 근처에서 빙하기를 견디며 살다가 신안링(興安嶺)산맥(중국 북동부 내몽골 자치고 동쪽 지역)과 몽골고원 사이 협곡을 따라 남하한 한국인 할아버지의 유

---

6 "한국인의 뿌리 밝혔다… 남북방계 혼합"(《KBS》, 2017. 2. 2.), "한국인, 북방 · 남방계 '융합'…유전 구성 남방계 가까워"(《경향신문》, 2017. 2. 2.)

전자라는 겁니다.

북방계 얼굴은 타원형 얼굴로 이마가 넓고 눈썹이 흐리며 눈과 입이 작습니다. 또 코가 길고 끝이 뾰족하며 입술이 얇은 것이 특징이죠. 연예인으로 말하자면 김태희, 한석규, 비, 심은하, 최지우 등입니다. 왕년의 탤런트 원미경, 고두심 등도 굴곡이 적은 얼굴에 눈썹이 흐린 북방계 미인에 해당합니다.

북방계 한국인은 주로 사냥을 하며 살아와 '사냥꾼 유전자'가 있다고 여겨집니다. 근육 활동에 필요한 뇌의 운동 영역을 발달시켜 온 것이죠. 체격이 크고 피부가 흰 사람이 많아요. 피겨스케이트 금메달리스트 김연아가 대표적인 얼굴입니다. 이마, 광대뼈, 턱의 모습이 모두 북방형의 전형이에요. 한때 여자 양궁 선수의 100%가 북방계라는 주장도 있었습니다. 이승만 전 대통령, 김영삼 전 대통령, 이명박 전 대통령, 반기문 전 UN 사무총장의 얼굴이 북방계입니다. 정주영 현대 창업주 역시 북방계에 가깝습니다. 어진(御眞)으로 확인할 수 있는 조선시대 임금의 얼굴은 대개 북방계입니다.

반면 따뜻한 남쪽에서 빙하기를 지낸 남방형(계) 한국인은 얼굴이 역(逆) 오각형에 이마가 좁고 눈썹이 진하며 눈이 큽니다. 반면 코는 짧고 넓으며 입술이 두꺼운 것이 특징인데 연예인 중에서 고현정, 원빈, 장동건, 최민식 등이 대표적입니다. 또 과거 절세미녀로 꼽히던 배우 정윤희는 입술 윤곽이 전형적인 남방계 미인이었죠.

흥미롭게도 부자나 CEO, 학자, 전문직 중에 남방계 얼굴이 많다고 해요. 이건희 삼성 회장, 최규하 전 대통령, 전두환 전 대통령, 노무현 전 대통령이 그렇습니다. 남방계는 수렵보다는 채취 생활에 맞게 진화해왔으리라 추정합니다.

내륙으로 이주해온 북방계와 앞서 정착한 남방계의 중간형이 경북 내륙 지방에 많은데 박정희 전 대통령, 노태우 전 대통령, 박근혜 전 대통령이 그렇습니다.

《얼굴, 한국인의 낯》(1999)을 쓴 조용진 얼굴연구소장에 따르면, 한국인은 4km 이내의 근거리 결혼에 의해 유전자 상승 작용을 통해 얼굴을 만들어 왔다고 합니다. 예를 들어 눈썹이 옅고 코가 낮은 사람은 그 가족, 주변 지역이 다 비슷할 가능성이 높지요. 한중일 동북아 세 나라 국민의 평균적인 얼굴도 자세히 들여다보면 조금씩 특징이 있지 않나요?

한반도로 좁혀 생각하면 이런 '지역 얼굴'은 근거리 지역 결혼으로 조선 시대까지 큰 변화가 없이 유지되어왔을 겁니다. 당연한 말이지만 얼굴은 유전 인자(因子)의 결집체입니다. 남방계 얼굴, 북방계 얼굴의 유전적 특질이 각 지역마다 생겨났을 테죠. 그러나 세월이 흐르며 북방계와 남방계의 중간형 얼굴도 점차 등장했을 것으로 보입니다.

#　　　세계에서 눈이 가장 작고 털이 없기로 1등 민족

　　　세계인의 용모에 대한 통계자료에 따르면 한국인이 획득하고 있는 용모적인 특성이 있다고 해요. 해부학에 근거해 전 세계인의 표본을 대상으로 방대한 자료의 조사는 물론 엄격한 분석 과정을 거쳐 만들어진 통계인데, 한국인만의 네 가지 특징이 있다고 합니다.

첫째가 눈이 세계 1등으로 작다는 것입니다.
둘째가 털이 없기로 세계 1등입니다. 여기서 잠시 재미있는 이야기 하나를 소개하자면, 우리 인간은 원숭이에서 진화했다고 하잖아요. 인간 모두가 어릴 적 원숭이라는 이야기죠. 그렇다면 털이 많고 적음의 정도가 진화의 정도라는 이야기가 될 수 있어요.
즉 털이 많은 서양인과 비교해 털이 적은 우리가 더 진화했다는 것이죠. 이게 네오테니(Neoteny)라는 것입니다. 네오테니 혹은 유형성숙(幼形成熟)이라는 용어는 '유아화'를 뜻하는 말로 생물이 나이를 먹었는데도 어릴 적 형태를 그대로 간직하는 경우 적용됩니다. 이런 현상은 동물의 개체발생이 어느 단계에서 정지하고 그 상태에서 그대로 성숙해 번식하면서 일어나는데, 과학자들은 몸의 발육이 생식기관에 비해 지연되는 현상 때문으로 분석하기도 하죠.
침팬지가 사람 얼굴하고는 전혀 다르지만 갓 태어난 침팬지 새끼와 갓 태어난 어린아이의 얼굴은 어떠한가요? 서로 비슷합니다. 안면각도 그렇고, 털이 없다는 것도 그렇죠. 동양인들이 서양인보다 동안(童顔)인 이유에 대해 서양인보다 동양인이 네오테니적이라고 주장하는 학자들도 있어요.

셋째로 우리가 1등인 것은 귀에서 머리까지의 길이입니다. 다시 말하면 두상이 크다는 이야기죠. 뇌와 머리가 무엇이 먼저냐고 묻는다면 당연히 뇌가 생기고 뇌를 감싸기 위해 머리가 생겨났을 겁니다. 이런 특징을 갖는다는 것은 그렇지 않은 사람에 비해 당연히 뇌도 다를 것이 아니겠어요?

마지막으로 계측 자료에 따르면, 한국인의 치아는 세계에서 제일 크다고 해요. 이가 크다는 것은 참으로 많은 문화적 특성과 연계되어 있어요. 어금니가 크니 뒤로 밀려들어 가고, 사랑니 같은 것은 나오지도 못한 채 저 밑으로 들어가게 됩니다. 우리의 발음 체계라든가, 먹는 식문화와도 깊은 연관이 있어요.

이 이야기는 뒷부분에서 좀 더 나누도록 해요. 한국인이라는 민족이 원래 다른 나라의 사람들에 비해 좋은 점이든 나쁜 점이든 유별난 것은 사실입니다. 용모에서만 봐도 이미 금메달 몇 개는 가지고 있지 않은가요?

바이칼호에 살던 신(新)몽골로이드

이런 한국인의 특성이 도대체 어디서부터 시작되었을까요? 그 얼굴 대장정의 시작은 바로 시베리아의 바이칼호입니다.

'시베리아의 진주'로 불리는 세계에서 가장 오래되고, 가장 차가우며, 가장 크고(남한 면적의 약 3분의 1), 가장 깊은 담수호가 바이칼호입니다. 지구상에서 가장 깨끗하고 오염되지 않은 호수로 알려져 있어요.

이곳에는 지구상 어느 곳에서도 볼 수 없는 1500여 종의 다양하고 고유한 생물들이 살고 있다고 하지요. 그래서 바이칼호를 '살아 있는 진화박물관', '원시생명체 연구소'라고 부릅니다.

이 호수에서 시작된 우리 조상들의 1만km가 넘는 대장정이 지금의 우리 얼굴 모양과 무관하지 않아요. 신몽골로이드만이 바이칼호에서 영하 70도의 추위를 견뎌낸 사람들입니다. 얼굴 중에서 추위에 가장 많이 노출될 수밖에 없는 부위가 코와 눈이에요. 혹독한 추위를 이기기 위해 코는 더 낮아지고, 눈두덩은 두꺼워지게 됩니다. 또 얼굴 광대뼈는 튀어나오게 되었어요. 쌍꺼풀 없이 두툼해진 눈, 튀어나온 광대뼈, 납작한 코. 이것은 그 어떤 인간도 겪어보지 못한 그 추위 속에서 살아남아 한 발 한 발 내디뎌 남쪽으로 남쪽으로 내려온, 그래서 결국 한반도에까지 이른 우리 선조들이 남겨준 얼굴입니다. 혹한이 만들어낸, 바이칼호가 만들어낸 조각이고 예술품이고 상징인 셈이지요.

이 모든 것을 과학 공식처럼 도식화할 수는 없겠지만 대체로 그러한 경향이 있다는 것 역시 부인하기 힘들어요. 바이칼 호수에서 산 사람들을 우리는 부랴트(가장 북쪽에 사는 신몽골리안)라고 부르는데 이들의 얼굴과 안악 3호분에서 발견된 벽화를 보면 비슷하다고 알려져 있습니다.

현재 시베리아 바이칼호 주변에 러시아연방 자치공화국인 부랴트공화국이 있습니다. 수도는 울란우데이고 인구는 97만 8588명(2021년 현재)입니다. 대부분 몽골계 민족이며 유목 생활과 게르 생활을 하는 풍습을 지니고 있어요.

부랴트족이 간직한 샤머니즘의 원형이 우리 민속과 비슷하다고 알려져 있습니다. 일례로 예전의 부족 샤먼이 썼던 모자는 사슴뿔 모양인데 1920년대 경주 신라의 금관총에 있던 왕관 모습이 닮았습니다. 샤먼의 관이 강력한 국가의 금관으로 재탄생했다는 시각이 있어요.

이 왕관이 흑해 연안의 유목민인 스키타이(Scythai)나 사르마트(Sarmatai)의 고분, 그리고 북유럽의 켈트족 샤먼이 사용했던 금관과 거의 유사한 형태라고 합니다. 초원의 기마민족과 샤먼의 전통이 결합해서 화려한 금관이 만들어졌다고 하는데 아프가니스탄, 키르기스스탄 등 세계 곳곳에서 비슷한 왕관들이 발견되었지요.

우리 민족과 부랴트족의 전통문화가 비슷한 것이 많아요. 우리처럼 천한 이름을 지어줘야 오래 산다고 믿어 '개'란 뜻의 '사바까'란 이름이 흔하다고 하지요. 또 선녀와 나무꾼과 똑같은 민족 설화가 부랴트족에게도 있다고 합니다. 소개하면 이렇습니다. 한 노총각이 바이칼호에 내려온 선녀에 반해 옷을 숨겼다고 합니다. 어쩔 줄 몰라 하는 선녀를 집으로 데려와 아들 열하나를 낳았다고 해요. 하지만 방심하는 틈에 선녀는 숨겨놓은 옷을 입고 하늘로 올라간다는 얘기입니다.

바이칼호 주변 길가에는 오색 천 조각을 두른 나무말뚝이 수없이 많다고 합니다. 이 말뚝은 '오리를 조각해 나무 꼭대기에 꽂아놓은 우리의 솟대나 서낭당과 상징적 의미와 형상이 거의 유사한'데 '이는 한국의 토속신앙과 샤머니즘이 시베리아에서 기원했다는 것[7]을 말해줍니다.

그런데 요즘 젊은 분들 중에 신몽골로이드로 태어난 것을 한탄하는 사람들이 있을지 몰라요. 어찌 보면 왜 그리 험난한 길을 걸어 여기까지 온 걸까 하는 생각도 듭니다. 다른 사람들처럼 유럽 쪽으로 가서 캅카스 쪽으로 갔더라면 얼굴 성형수술을 하지 않아도 오뚝한 코와 멋진 쌍꺼풀의 눈을 가졌을 텐데 말이죠.

그러나 내가 모르는 그 이전의 역사, 맵디매운 추위를 견뎌내며 이 땅에 도달한 바이칼호 나그네들을 생각해보면 가슴이 뜁니다.

---

7 배재대 이길주 교수(러시아학)가 이런 주장을 합니다.

"내가 해냈구나. 우리가 해냈구나. 그래서 겨울의 혹독한 추위를 겪어낸 인간의 얼굴을 하고 있구나.

그 어떤 짐승도 못 하고, 그 어떤 인간도 해내지 못한 영하 70도의 추위를 이겨냈구나."

우리 얼굴이 바로 자랑스러운 훈장이고 서사(敍事)이고 조각입니다.

그리고 우리 안에는 시베리아의 그 추위가 남아 있고, 우리 안에는 추위에 맞서 한 발 한 발 내디딘 인간의 위대함이 있습니다.

이런 배경을 모르는 인간들과는 게임도 안 되는 것이죠. 참고 견디며 그 추위를 뚫고 나온 사람들이 우리입니다.

이러한 역사의 장정을 뚫고 나온 덕분에 우리는 이 얼굴을 가지고 이 땅에 태어난 것입니다. 이것이 한국인의 얼굴이고 내 얼굴입니다. 이 얼굴은 단 몇 년 만에 만들어진 것이 아니라 수천, 수만 년을 거쳐 지금의 얼굴이 된 것이에요. 그렇기에 얼굴을 보기 위해 거울을 보지만, 지금 당장 거울을 봐야 아무 소용이 없어요. 역사의 거울, 문화의 거울을 보아야 비로소 내 얼굴이 드러나니까요.

안악 3호분

황해남도 안악군에 위치한 고구려 고분을 말합니다. 고분 제작 연도는 서기 357년으로 추정합니다. 회랑에는 고구려왕의 '백라관'(흰색 비단 왕관)을 쓰고 수레를

안악 3호분 벽화의 남자

탄 주인공이 문무백관, 악대, 무사 등 250여 명에 달하는 인물들의 호위를 받으며 나아가는 행렬도가 그려져 있습니다.

\#   경주 신라 고분과 시베리아 '스키타이'

경상북도 경주시는 1500년 된 고도(古都)입니다. 경주 곳곳에 있는 대형 고분은 신라의 상징이죠. 이런 거대한 봉분이 세계 어디에 또 있던가요?

맞아요. 있습니다. 신라보다 앞서 중앙아시아 일대의 기마민족들이 널리 사용했다고 합니다. 그런 의미에서 작은 봉우리처럼 생긴 고분은 경주의 자랑인 동시에 유라시아 고대사의 최고 미스테리죠.

신라 왕궁의 귀족들은 커다란 봉분을 곁에 두고 살았을 겁니다. 사후 세계와 현실 세계의 구분이 없었을지 모릅니다. 한반도 끝자락에서 신라인들이 세상으로 뻗어가기 위한 마음을 다지는 제사를 지내기도 했다[8]고 합니다.

전 세계 통틀어 1000년 이상인 도시는 그리스 아테네, 이탈리아 로마, 일본 교토, 튀르키예 이스탄불, 베트남 하노이, 중국 시안 등입니다. 모두 내로라하는 유서 깊은 고대 도시들이죠. 경주는 이들과 어깨와 나란히 할 만큼 세계적인 도시입니다. 특히 전성기였던 8세기 경주는 동로마의 콘스탄티노플, 중국의 장안(長安), 아바스 왕조의 바그다드와 더불어 번성한 국제도시였어요.

고구려나 백제에 비해 보잘것없던 국력의 신라가 통일 후 동아시아뿐만 아니라 멀리 서역까지 이름을 떨친 중심에는 국제적인 도시 경주가 있었

---

8   경희대 사학과 강인욱 교수의 주장입니다. "포스트코로나시대 신라왕들에게 길을 묻다"(《경북일보》, 2021. 1. 21.)

어요. 저 멀리 바이칼호 주변에 살던 북방계 '나그네'가 경주에 정착해 세계적인 문명을 활짝 꽃피운 겁니다.

실제로 문무왕릉비에 보면 투후제천지윤(秺侯祭天之胤 · 투후는 하늘에 제사를 지내는 혈통이라는 뜻)이란 구절이 있지요. 투후는 흉노 휴도왕의 태자인 김일제(金日磾 · B.C 134~B.C 86)를 말합니다. 신라인들이 흉노족의 후손임을 자랑한 겁니다.

정말 신라 왕족의 직계 조상이 흉노인지의 여부는 알 수 없습니다. 다만 왜 이런 글을 남겼을까를 추론하면 이렇습니다. 고구려, 백제는 부여 계통의 강력한 군사력을 가진 북방계 사람들이었죠. 삼국통일을 완성한 신라 역시 그에 못지않은 북방계 혈통과 용맹을 내세우기 위해 다른 북방계 흉노의 후손임을 내세운 것은 아닐까 싶어요.

유네스코는 지난 2000년 경주역사유적지구 5곳을 세계유산에 등재했습니다. 유네스코가 고대도시를 지구별로 묶어 세계유산에 등재한 것은 전례가 없는 일이라고 합니다. 경주역사유적지구에는 다양한 불교 유적을 포함하고 있는 남산, 옛 왕궁 터였던 월성, 많은 고분이 모여 있는 대릉원, 불교 사찰 유적지인 황룡사, 방어용 산성이 위치한 산성 등이 포함됩니다.

경주의 무덤 알아보기

많은 고고학자와 사학자들은 경주 고분을 연구하며 다양한 해석을 내놓았지요. 적석(積石)은 여러 겹으로 쌓은 돌을, 목곽은 무덤에 관과 부장품을 넣기 위해 나무로 궤처럼 만든 시설을 말하죠. 가령 적석목곽분(積石木槨墳)은 지하에 구덩이를 파거나 지상에 덧널을 짜 놓고 그 위에 돌무지와 봉토를 덮어 봉분을 만든 무덤 양식을 뜻합니다. 이 적석목곽분은 경주지역 외에 경산 임당, 영덕, 창녕 교동 등 지에서 약간씩 확인되었을 뿐 주로 경주의 왕경지역과 건천 금척리에 분포하는 독특한 묘제입니다. 지하 또는 지상에 상자형 나무덧널을 설치한 후 그 주위와 위를 돌로 덮고, 다시 그 바깥으로 흙을 덮어 봉분을 만들어요.

한편 적석총(赤石冢), 곧 적석무덤 또는 돌무지무덤은 돌들을 무더기로 쌓아 만든 무덤이라는 뜻입니다. 고구려 시대 때 유행하던 묘제 방식입니다. 기원 전후부터 약 5세기 중엽까지 이어져 왔다고 해요. 백제의 초기 묘제로 추정되기도 합니다. 고구려 적석총과 한사군의 목곽이 결합되어 형성된 묘제라는 견해, 몽골과 중앙 아시아의 적석목곽분의 전통이 계승된 것으로 파악하는 입장, 이전에 경주에 있었던 수혈식 목곽묘(竪穴式 木槨墓)와 고구려의 적석이 결합되었다는 주장 등이 있습니다.

이것들의 기원으로 여러 학자들은 시베리아 쪽을 꼽아요. 소개하자면, 지상에 축조한 목곽, 목곽 주위와 위에 쌓은 적석부, 호석이 둘러진 원형의 고대 봉토와 같은 특징은 카자흐스탄 베샤티(Besshatyr), 이식(Issyr), 치릭타(Chirikta) 고분군 등이 중앙아시아에서 확인되고 있다는 것입니다.[9]

황남대총 남분 구조 가운데 적석부 위 봉토 중의 가구물(架構物)과 적석부

---

9 대한민국학술원 회원인 숭실대 최병현 명예교수가 이런 주장을 폅니다.

의 환목조골격(丸木造骨格 · 통나무 모양의 골격이라는 뜻) 틀은 시베리아의 카스트롬 (Kostromskaya), 파지릭(Pazyryk Kurgan) 고분군의 구조와 관계가 있는 것으로 국 내 고고학계는 분석합니다. 그리고 내곽과 외곽 사이에 잔자갈을 채운 구조도 파 지릭 대형분에서, 투조금박(透彫金箔) 무늬 장식 목관도 파지릭과 노인울라(Noin- Ula)에서 확인됩니다. 따라서 단정적으로 말할 순 없다고 해도 이들 중앙아시아 의 대형 무덤이 신라 적석목곽분의 할아버지뻘 되는 형태[祖型]일 수 있다고 최병 현 교수는 주장합니다.

국립박물관장을 역임한 서울대 김원룡(1922~1993) 교수 역시 북방원류설을 주장 하며 "경주 적석목곽분은 시베리아 스텝지역 목곽분의 동단(東壇) 마지막 형식" 이라고 판단하였죠. 김 교수는 350년경부터 600년경까지 만들어졌다고 생각하 였습니다. 고고학자인 대구가톨릭대 이은창(1922~2019) 교수도 원류는 시베리아 분묘 구조에 있으며, 스키타이인의 분묘인 파지릭 고분, 쉬베(Shibe) 고분과 연계 되는 것으로 보았습니다.

반면 한국학중앙연구원 강인구(1937~2022) 교수는 "시베리아와 경주 간 거리가 너무 멀리 떨어져 있고, 중간지점에 경로를 밝혀 줄 흔적이 없으며, 두 지역 유적 의 축조 연대 차이가 지나치게 크다"는 점을 들어 경주 적석목곽분의 시베리아 기원에 대한 가능성을 낮게 보기도 했지요.

강인구 교수 견해에 대해 최병현 교수는 북방 아시아의 목곽분 문화는 기본적으 로 흔적을 남기지 않고도 단시간 내에 장거리를 이동할 수 있는 신속한 이동력 을 갖춘 기마민족들의 문화였고, 4세기 전반기가 북방의 기마민족들이 중원으로 남하를 개시하던 시기 직후라는 점에서 거리나 시간적 차이는 크게 문제되지 않는 것으로 생각하였습니다.

2부 | 인간의 얼굴은 문화의 얼굴

얼굴은 생물학적 유전자의 증명서가 아닙니다. 얼굴은 문화입니다. 저는 문화를 알려면 얼굴을 알아야 한다고 생각해요. 우리는 태어난 대로 살지 않습니다. 태어난 얼굴대로도 살지 않는 세상이죠. 성형수술이 성행하고 있는 것만 봐도 그렇습니다. 타고난 대로 태어났지만 우리는 교육에 의해, 스스로의 노력에 의해 태어난 얼굴에 문화라는 옷을 입힙니다.

주어진 대로 사는 것은 인간이 아닙니다. 짐승들이 그렇습니다. 인간이기에 창조적으로 삽니다. 주어진 얼굴을 원하는 대로 고칩니다. 다만 그것을 기계의 힘을 빌려 고치느냐, 영혼과 마음의 교양으로 고치느냐의 문제가 따르지만 말이죠.

링컨(1809~1865)은 "사람의 나이 마흔이 넘으면 자기 얼굴에 책임을 져야 한다"고 했습니다. 민얼굴은 유전자 탓을 할 수 있지만 마흔이 지나고 나면 타고난 얼굴, 부모님이 주신 얼굴, 유전자의 얼굴이 아니라 문화의 얼굴, 역사의 얼굴이 되어야 합니다.

소크라테스(B.C. 470~399) 이야기를 해볼까요? 문헌 기록에 따르면 세상에서 제일 못생긴 사람이 소크라테스입니다. 소크라테스를 모함하는 적들이 소크라테스 제자들에게 이렇게 조롱했다죠.

"얼굴은 인간의 마음이 투영되는데 너희 선생님의 얼굴을 봐라. 그는 분명 범죄자다."

이 말을 들은 제자들이 그들과 싸우고 나서 소크라테스를 찾아가니 소크라테스가 제자들에게 이렇게 말했다고 하죠.

"그래. 내가 타고 태어난 얼굴은 범죄자의 얼굴이야. 그런데 수없이 많은 노력을 통해 나는 그 얼굴을 극복했다. 그래서 너희에게 교육을 하고 철학을 연구하는 거다. 맞다. 난 범죄자의 얼굴로 태어났지만, 지금은 그걸 완전히 극복하지 않았느냐. 그것이 더 자랑스러운 거다."

\#   유전적 얼굴이 아닌 문화의 얼굴

인간이 가진 기본적인 피부색은 3가지 색으로 분류되는데, 이 기본의 바탕에 '문화'의 문(文)이 결합되게 됩니다. 민낯인 자연에 인간의 다양한 문화를 '입히게' 되는 것입니다.

문화의 '문'이라는 말은 원래 몸에 문신을 새기는 것, 페이스페인팅처럼 얼굴에 칠하는 것을 뜻해요. 옛날 아메리카 원주민들이나 아프리카 사람들이 자신의 얼굴과 몸에 무언가를 붙이고 그리고 칠하고 하는 일련의 행동들은 문화의 바로 가장 첫 모습입니다. 문자가 그러하듯 문신(文身) 역시 그 문화의 산물입니다. 문신에는 고통이 따라요. 문화의 뜻 이전에 아픔이 있었다는 것이죠.

바탕이 외양을 능가하면 야해지고(野), 외양이 바탕을 능가하여 문이 질을
이기면 사(史)해진다. '문질이 잘 조화를 이룬' 다음에야 군자라고 할 수 있
다.(子曰 質勝文則野, 勝質文則史 '文質彬彬' 然後君子)

　　-공자의 《논어》(論語), 옹야편(雍也) 제68

자연의 얼굴인 민얼굴은 '질', 화장한 얼굴은 '문', 그래서 문질빈빈(文質彬
彬)이라는 말이 생겨났습니다. 이 말은 '무늬와 바탕이 빛나다'라는 뜻으
로 형식과 내용이 잘 어우러져 조화로운 글이나 성품과 몸가짐이 바른 사
람을 비유하는 말입니다.

'질'로 가려는 마음과 '문'으로 가려는 팽팽한 긴장감 속에서 내 얼굴이
생겼고 한국인의 얼굴이 생겨난 것입니다.

유전자는 우리에게 새겨진 하나의 도장과도 같습니다. 우리의 얼굴에는
DNA라는 도장이 찍혀 있는 것이죠. 그러나 우리에게는 유전적 얼굴만
있는 것이 아닙니다. 문화의 얼굴도 있습니다. 그래서 생물학적인 유전자
만이 아니라 수십, 수백 년을 거쳐 오면서 생성된 문화의 얼굴을 알아야
해요. 얼굴을 문화적으로 해석한다고 할 때 그 시작은 아마도 아프리카의
가면(假面)이 아닐까 싶어요.

얼굴이라는 것은 내가 보라고 만들어진 게 아니라 남이 보라고 주어진 겁
니다. 내 얼굴이지만 내가 볼 수 없는 것이죠. 그런데 가면을 쓴다면 남 역
시도 내 얼굴을 볼 수 없어요. 내 표정이 수시로 바뀌지만 가면의 표정은

바뀌지 않습니다.

가면이 등장했던 것은 신(神)을 향한 종교의식에서였어요. 성(聖)스러운 의식에서 인간 본연의 얼굴은 가려집니다. 또 춤을 출 때 가면을 사용했어요. 우리가 사람을 만날 때 그 사람의 얼굴을 봅니다. 얼굴에 집중하다 보면 사람의 몸을 볼 수가 없어요. 그러나 가면을 쓰면 어떤가요? 춤을 출 때 얼굴을 가리면 얼굴이 아닌 몸으로 소통을 하게 되죠. 발레리나들이 춤을 출 때 아무런 표정을 짓지 않는 것과 같아요.

가면을 쓰지는 않지만 얼굴의 모든 표정을 지워 중립적인 얼굴을 함으로써 몸으로의 집중을 유인하는 것입니다. 이성이 끝나고, 감성이 끝나고, 표정이 끝났을 때는 가면을 안 써도 가면 쓴 것과 같아지는 것이죠. 몸으로 모든 것을 말하게 되니까요. 그렇기 때문에 '안면 몰수'하고 살아간다는 말이 있는 겁니다. 이때 나의 인격(人格)은 사라집니다.

이름으로서의 얼굴

이름은 내 것이지만 남이 나를 부르기 위해 존재합니다. 남을 위한 것이죠. 얼굴도 마찬가지입니다. 나는 나 자신의 얼굴을 볼 수 없어요. 인간은 거울을 통해 제3자의 시선을 빌려 자아 정체성을 확립할 수 있습니다.

그러나 얼굴은 누구의 것인가요? 바로 나 자신의 것이죠. 자신의 것이지만 자신은 못 보는 것, 주인은 나지만 내 것이 아니라 남의 것인, 그것이 얼굴입니다. 외국으로 여행을 떠날 때 여권 속 이름과 사진이 나를 증명하듯 내가 나를 증명하는 것은 내 얼굴과 내 이름입니다. 이름하고 얼굴은 같은 것이죠.

이름이라는 것이 내가 부르라 붙여진 것이 아니라 남이 나를 부르라 붙여진 것이듯, 얼굴 역시 내가 보라고 있는 것이 아니라 남이 나를 보라고 있는 것입니다. 이처럼 얼굴이나 이름은 모두 나 자신의 것이지만 남을 위해 존재합니다. '나는 누구인가'라는 자신의 정체성을 분명히 알기 위해서는 항상 남들에게 비친 나 자신을 바라보아야 합니다.

가장 오래된 거울은 수면(水面)입니다. 아주 오랜 옛날, 물 위에 비친 내 모습을 통해 나를 알아가는 과정이 자기 인식의 첫걸음이었습니다. 이 거울에 의해 처음으로 사람은 자신을 객관적으로 보는 수단을 얻었어요. 정체성의 형성은 '거울효과'(Mirror Effect)와 연관이 있습니다.

거울효과에 대한 흥미로운 실험이 있어요. 사회과학자 아서 비먼의 연구팀이 핼러윈 데이에 실시한 실험인데, 한 실험조교가 아이들에게 막대사탕을 하나씩만 가져가라고 말하고 자리를 떠납니다. 그 결과, 조교의 말을 어기고 사탕 2개 이상을 가져간 아이의 비율이 33.7%였다고 해요.

다음에는 사탕 바구니 앞에 큰 거울을 설치하고 똑같은 실험을 했습니다. 그랬더니 2개 이상을 가져간 아이들의 비율이 8.9%로 줄었다고 하지요.

휴지를 버릴 때도 마찬가지였어요. 자신의 모습이 보이지 않으면 46%가 휴지를 버렸다고 합니다. 하지만 거울 앞에 자기 이미지를 보게 했더니 24%만이 버렸다고 해요. 벽에 단순히 거울을 붙이는 것만으로도 효과를 본 것이죠. 이 거울이 바로 우리의 눈(目)인 겁니다. 놀랍지 않나요?

한국인의 이름은 '나'를 잘 나타내는 상징이자 기호였습니다. 전통적인 작명(作名) 방법을 통해 더 잘 알 수 있어요. 문중(門中) 항렬에 따라 이름 짓는 방식을 제외하고 우리 선조들은 태어난 아이의 상황 또는 외모, 신체적 특징을 반영하여 이름을 지었습니다. 또 부모의 기대나 바람을 담아 이름을 지었어요.

예를 들어 부모가 태몽을 꾸고 이름으로 정하는 경우입니다. 이명박 전 대통령은 다른 형제들과 달리 돌림자를 쓰지 않았는데 그 이유는 어머니가 꿈에 밝은 보름달을 보았다고 합니다. 그래서 이름을 밝을 명(明), 넓을 박(博)을 써서 지었다고 해요. 고소설(古小說) 《춘향전》(春香傳)의 이몽룡(李夢龍)도 꿈에 용을 봐서 그런 이름을 지었다고 적혀 있지요.

옛 여성의 이름 중에 삼월(三月)이, 오월(五月)이라는 이름이 있어요. 대개 3월, 5월에 태어났기 때문입니다. 출생한 때와 관련이 깊은 이름이죠. 옛 이름 중에 부엌쇠, 마당쇠라는 이름이 있는데, 출생 장소를 반영한 이름으로 보여집니다.

이와 함께 외모의 특징을 살려 이름을 짓는 경우도 많았습니다. 태어날 때 몸이 작다거나 얼굴이 검고 얽었다든가 예쁜 경우 甘丁(검정), 甘同(검둥

이), 億수(얼굴이 얽은 아이), 古邑丹伊(고읍단이-곱단이), 於汝非(어여비-어여뻐),
入分伊(입분이-이쁜이) 등으로 이름을 지었습니다.

또 부모의 소망이나 기대를 반영한 이름도 많아요. 무병장수를 바라는 뜻
에서 천한 이름(개똥이, 똥개)을 예명으로 불렀지만 실제 이름은 金同(금덩
이), 福伊(복이), 仙伊(선이) 福童(복동이)로 지었어요. 아들 낳기를 바라는 뜻
에서 딸의 이름을 後南(후남), 莫女(막녀)로 짓는 경우도 있었지만요.

한국인의 이름은 '나'의 특징을 가장 잘 나타내는 기호였습니다. 이름은
바로 얼굴을 떠올리게 하고, 그 사람의 특징을 연상시킵니다. 그리고 부모
의 기대와 염원까지 알 수 있지요. 이처럼 이름에는 많은 정보가 담겨 있
어요. 그러니 이름을 함부로 취급할 수 없고, 함부로 부를 수 없어요.

\#   한국인의 얼굴 - 울음

        내가 동서양의 우는 아이들을 살펴본 일이 있는데 개인차는
존재하겠지만, 우리나라 아이들이 제일 화끈하게 울었어요. 콧물, 눈물,
침까지 흘리면서 웁니다. 왜 그럴까요.

조선 순조 때 실학자 이규경(李圭景·1788~1856)은 "우리 동방의 소아(小
兒)들 울음소리는 이미 천하에 유명하다"고 했어요. 그 이유를 이렇게 적
고 있습니다.

윗사람 모시랴, 아랫사람 거느리랴, 온 식구 밥지어 먹이랴, 베짜서 옷지어 빨래해 입히랴. 한 몸을 열 조각 내도 붐빌 판에 젖꼭지마저 달려 있어 무작 정 젖꼭지를 물리거나, 안거나 업고서 일을 계속해야 하기 때문에 아이들은 어머니의 살갗에 붙어살게 되고 잠시라도 떨어지면 울게 된다.

참 눈물겨운 이야기입니다. 한국의 아이들은 어머니의 체온에 중독되어 체온에서 이탈되면 운다고 했습니다. 《한국인의 정서구조》(1994)에서 이 규태는 "한국 아이들이 외국 아이들과 달리 어머니의 체온과 등온(等溫)을 유지하려는 체온 밀착이 심한 것은 사실이며, 이 사실과 한국 아이들이 잘 운다는 것과는 밀접한 연관이 있다고 본다"고 했지요. 또 "등온 육아의 특수성에서 모체 이탈이 한국인에게는 가장 강렬한 정서적 충격이며, 그 충격에서 우리 한국인의 울음 철학이 시작되었다"고 했지요. 정말 흥미로 운 분석입니다.

한국인의 눈물샘을 가장 많이 자극하는 정서가 '이탈 애수'입니다. 정든 이를 떠나 보내는 게 한국인만의 슬픔은 물론 아닙니다. 이별은 인간이든 동물이든 비슷하게 느끼는 정서일 겁니다. 그러나 슬픔의 농도는 한국인 이 유별나다고 합니다.

조선조 말의 헌종, 철종, 고종 3대에 걸쳐 어전(御前)에서 판소리를 불렀던 이날치라는 명창이 있었습니다. 그가 〈새타령〉을 읊으면 좀 과장되게 표 현해 새들이 날아들어 울어댔을 정도입니다. 어느 세도가의 한 사람이 그를 불러 이렇게 말했다고 합니다.

광대가 곧잘 사람을 울리고 웃긴다지만 그것은 미천한 아랫사람에게만 할
수 있는 일이지 학문이 깊고, 기백이 있는 사대부에게는 그러할 수 없을 것
이다. 자네가 만약 나를 창으로 울린다면 천금의 상을 내릴 것이나 울리지
못한다면 목을 내놓을 수 있겠는가.

이날치는 목숨을 걸고 창을 했는데 그가 택한 곡은《심청전》에서 심청이
눈먼 아버지와의 이별 장면이었다고 해요.

이제는 수중 고혼될 터이니 불쌍한 우리 모친 제삿날 돌아온들 보리밥 한 그
릇 누가 차려놓아 주며⋯ 흠뻑 울고 집에 돌아와 등잔불 켜 놓고 잠든 얼굴
바라보며 아비 신세 헤아리니⋯.

이 대목까지 읊자 세도가 양반의 얼굴살이 꿈틀꿈틀 경련이 일어나더랍
니다.

심청이 아침상 걸게 차려 이것은 고기요, 이것은 자반이요 하니 명색도 모른
심봉사, 웬놈의 팔자로서 너의 모친 살았을 제는 그 바느질품 판 것으로 잘
먹고 지내더니 이번은 네 바느질품 판 것으로 이렇게 잘 먹으니 부끄러워 견

디겠느냐 하니 심청이 울음이 목구멍으로 넘어가 창자를 뒤틀어놓는다.

이 대목에서 양반의 두 눈에 눈물이 괴더랍니다. 그리고 심청이 뱃사람들에게 끌려가며 하는 말에 이르러서는 "애고 애고" 통곡을 하며 문을 박차고 다락에 올라가 엉엉 울었다고 하지요. 바로 이 장면입니다.

전일의 의(誼)를 잊지 않거든 내 집에 종종 들러 불쌍한 우리 부친 가렵거든 이잡기와 병들거든 약달이기 가끔가끔 하여 주면 천신이 감동하여 복을 아니 받겠는가….

한국인은 이별에 가장 약한데 무엇보다 정든 사람이나 정든 사물로부터의 '이탈 애수'에 가장 민감하다고 합니다. 아무리 이성으로 감정을 지배한다고 해도 내면에 북받치는 이별의 슬픔을 제어하기는 어렵습니다. 특히 한국인이 그렇습니다.

아마도 한국인이 유독 인정(人情)이 많아서일 겁니다. 그래서 '한국인의 인정에 칼을 대면 피가 난다'는 말이 있을 정도입니다. 과거 한국인의 행복조건이 부모형제 동기 간에 이별하지 않고 오래오래 가까이에서 사는 것이었지요. 《흥부전》에서 흥부 마누라가 구걸방랑에 지쳐서 "스물일곱 식구 뿔뿔이 헤어져 얻어먹는 편이 낫겠다"고 말하자 흥부는 이렇게 반박합니다.

여보 마누라, 그게 웬 말이오. 스물일곱 등짝의 훈김 없이 얼어 죽으려 하오.
그런 말 다시 마소.

'얼어 죽으려 하오'라는 말은 가족 간의 인정이 굶어 죽는 것보다 중요하
다는 의미가 내포되어 있습니다.

\#　　한국인의 얼굴 – 무표정의 모럴

　　한국 사람들은 한쪽 눈을 찡그리는 윙크에 익숙하지 않지만
서양 문화에서 윙크는 하나의 상징적 문화코드입니다. 또한 서양인들의
얼굴 표정은 그들의 감정 표현만큼 다양하죠.
지금은 많이 옮겨지고 이전했지만 과거 미군 기지촌 주변에 '코리안 윙
크'란 속어가 쓰였다고 하지요. 코리안 윙크란 서툰 윙크라는 의미입니다.
윙크는 원래 유혹의 의미가 강한데 코리안 윙크는 그저 한쪽 눈만 감아
아무런 여운이 없다는 겁니다.
서양인의 윙크는 눈빛을 보다 영롱하게 하고 눈이 전하는 뜻을 농축시키
기 위해 눈 가장자리를 약간 쥔다고 하지요. 그런데 한국인은 눈놀림이
서툴기에 대개 감아버린다고 합니다. 미국인에 비겨 한국인의 표정근(筋)

이 발달되지 않았다거나 소근(笑筋)이 퇴화되었다고 주장하는 이도 있지요. 동양인의 안면근육을 연구한 어떤 학자는 자율신경의 하나인 소신경(笑神經)의 마디가 녹슬었다고 주장했지요.

우리나라 사람들은 '한국적 무표정'이라는 표현이 있을 만큼 표정이 그리 많지 않습니다. 희로애락을 겉으로 드러내는 문화가 아니었던 것이죠. 길을 가다가 넘어지는 사람을 보면 한국인은 얼굴 '소근'의 자극을 받지만 웃음을 억누릅니다. 대신 넘어진 사람이 먼저 웃고, 그 웃는 모습을 본 다음에야 웃는다고 합니다. 유예된 웃음을 웃는다는 것이 서양 사람과 다릅니다. 한국인의 웃음은 실수나 무안을 당했을 때 이를 무화(無化)시키려 할 때 나타나는 자기방어적인 특성을 갖습니다.

고소설 《박씨전》(朴氏傳)에 "여자가 웃다니…" 하며 개탄하는 대목이 있습니다. 이인직(李人稙 · 1862~1916)의 신소설 《치악산》(雉岳山)에도 "여자가 웃네"라는 대목이 있어요. 그 시절 여인은 일단 웃으면 안 되는 시절이었나 봅니다. 웃어도 박장대소의 웃음보다는 멋쩍어 웃는 웃음이 많아요. '오리엔탈 스마일'이라는 것이 그런 웃음입니다.

서양인들은 '동양적 무표정'이란 말을 곧잘 씁니다. 서양인이 보기에 한국인을 포함해 동양인들이 표정이 없거나 표현에 인색하다고 보는 것 같아요. 자기의 감정을 되도록 바깥에 나타내지 않는 것이 미덕으로 통하는 사회에서 살아왔기 때문인지도 몰라요. 슬픈 일이든 즐거운 일이든 마음 한구석에 묻어두는 것이 군자의 도(道)라고 가르쳤으니까요.

옛날에 남자는 평생 3번만 운다고 했지요. 물론 가능하지도, 있을 수도 없는 말입니다. 태어날 때, 부모가 죽었을 때, 나라를 잃었을 때 운다는 겁니다. 나라를 안 잃으면 평생 2번만 울어야겠지요.

조선 정조 때 경남 함양의 한 선비가 죽도록 고생만 하다가 죽은 아내가 너무 가엾어 선비들이 있는 틈에 자신도 모르게 눈물을 흘렸다고 합니다. 큰일 났다고 생각한 이 선비는 아내가 죽은 것이 아니라 어머니가 돌아가셨다고 거짓말로 그의 눈물을 합리화했다고 하죠. 이 선비는 어머니를 거짓 죽은 체 장사를 치른 다음 먼 곳에서 이사가 살았다고 합니다. 아무리 생각해도 어리석은 남자지요.

동양인은 감정만이 아니라 모든 행동, 모든 의견까지도 은폐해버리는 습속이 있어요. '은자(隱者)의 침묵'이라는 동양인의 생리가 우리 한국인에게 남아 있는가 싶습니다.

\#   얼굴의 문화적 삭제

        동서양을 막론하고 인간은 모든 사회나 문화에서 독자적인 가면(假面)을 만들어왔어요.

장 디비뇨(Jean Duvignaud)는 카니발이나 축제를 '상징적 환각상태'라고 규정하며 축제나 의례에 등장하는 가면 혹은 가장(假裝) 속의 인물들은 사물이나 세상의 질서를 바꾸는 기회나 가능성을 나타낸다고 보았지요. 다시 말해 설정되어 있는 질서 안에서는 인정받지 못하던 것이 잠재적이고 가능한 실체를 드러내는 것이라고 본 것입니다.

네덜란드의 역사학자 호이징가(Johan Juizinga)도 축제란 인간의 유희적 본성이 문화적으로 표현된 것이라고 하였지요. 풍년이나 질병의 쾌유 등을 기원하거나 토템 신앙, 혹은 사냥이나 각종 의식(儀式)용 또는 극예술용으로 어느 민족이나 가면을 활용하였어요.

좀 더 세부적으로 살펴보면 신성성을 표현하거나 사람들에게 겁을 주기 위한 도구, 그리고 기원과 상징을 표현하기 위한 도구, 실제의 인격을 해방시켜 그 결과로 얻어지는 방종의 분위기를 이용하기 위한 것이라고 볼 수 있습니다.

가면은 단지 얼굴을 숨길 뿐만 아니라 본래의 얼굴과 다른 인물, 동물, 혹은 초자연적 존재 등을 표현하고 가장하는 의미를 지닙니다. 가장을 통하여 그 사람이 지닌 개별성, 유한성, 일회성을 넘어 다른 존재, 다른 사람으로 전이, 확장, 은폐할 수 있으니까요.

가면은 크게 두 종류로 분류할 수 있습니다. 첫째, 영웅적인 탈입니다. 영화 〈배트맨〉(1990)에서 〈더 배트맨〉(2022)까지 수많은 배트맨 연작에 나오는 가면이 아마 대표적 사례일 겁니다. 둘째, 억압적인 탈입니다. 과거 일본 사람은 결혼을 하면 아내의 눈썹을 깎았다고 해요. "너는 내 여자이고, 너의 얼굴은 더 이상 다른 사람에게 보여줄 필요가 없다"는 억압의 발현이었어요. 변형 가능한 것, 타인에 의해 바뀔 수 있는 것, 그것이 바로 얼굴에서는 머리칼과 눈썹이며 타인에 의한 강제적, 문화적인 삭제가 일어날 수 있죠.

동양인에게 눈썹은 쉽게 내줄 수 있는 것인 반면, 코는 얼굴의 중심입니다. 한국 사람들이 사용하는 "코가 납작해졌다" "코가 삐뚤어져라 마신다" "코 베어 가는 곳"이라는 표현들은 얼굴 중에서 그만큼 코가 중요하다는 해석도 됩니다. 그래서 한자로 '자기'를 표현할 때의 '스스로 자'(自)는 원래 '코[鼻] 자'입니다.

옛날 어른들이 어린아이가 울며 보챌 때 "호랑이 온다"고 겁을 주었다고 하죠. 또 떼쓰는 아이에게 "에비~"라고 혼을 냈다고 합니다. '에비'의 어원을 두고 몇몇 학자는 '이비'가 '에비' '어비' '에비야' 등으로 변형됐다고 해요. '귀 이'(耳)와 '코 비'(鼻)자를 합성한 '이비'에서 유래됐다는 겁니다. 한마디로 '코와 귀를 베어가니 울지 말라'는 얘기죠.

1592년 임진왜란 당시 왜군이 전공을 부풀리려고 우리 백성들의 코와 귀를 잘라 '귀무덤' '코무덤'을 만들었다고 합니다. 일본 교토 인근에는 지금도 12만여 명의 '귀무덤'이 있는데 처음의 이름은 '코무덤'이었다고 하죠. 스스로 너무 잔인하다는 이유로 '귀무덤'으로 바꿔 불렀다고 해요. '귀무덤' '코무덤'이야말로 인격, 문명, 문화의 삭제였어요.

코뿐만 아니라 이[齒]도 중요한데 일본의 옛 그림 중에 남편이 아내의 얼굴에 도구를 들이대고 이를 뽑는 장면이 있어요. 옛 일본인들은 결혼을 하면 아내의 눈썹을 미는 데 그치지 않고 아내가 아이를 낳으면 이를 뽑고 남은 이를 새까맣게 만들었다고 해요. 가장 못생긴 추녀로 만드는 것이죠.

《동아일보》1980년 1월 30일 자 3면에는 이런 외신이 실렸습니다.

중국 고대의 풍습인 전족으로 인해 소형화된 발을 가진 중공의 노장년층 여인들은 발에 맞는 조그마한 양말을 시중에서 구입할 수 없어 큰 불편을 겪고 있다고 북경 방송의 한 청취자가 최근 투고를 통해 불평을 토로.(UPI)

중국의 전족(纏足) 풍습도 악습입니다. 여성의 발을 칭칭 동여매어 발의 성장을 저해해 오리걸음을 걷게 만들었던, 비정한 행위죠. 이 풍습을 두고 여자를 도망가지 못하게 하기 위함이었다는 설이 있는데 근현대 중국 문학의 아버지인 루쉰(1881~1912)은 남당(南唐) 시대에 궁녀들이 각선미를 과시하고자 생겨난 습속이라고 주장하기도 했지요.

중국의 대표적인 미인으로 조비연(趙飛燕 · ?~B.C. 1)과 양귀비(貴妃 楊氏 · 719~756)를 꼽지요. 조비연은 날씬한 중국 미인상의 대표이고, 양귀비는 풍만한 중국 미인의 상징이라고 합니다. 하지만 공통적으로 둘 다 발은 작았다고 하지요. 비연의 발은 과장을 보태어 '손바닥 위에서 춤을 추었다'고 할 만큼이었다고 합니다. 믿기지는 않습니다. 양귀비의 발은 그녀가 죽었을 때 한 노파가 그녀의 신을 주워다가 그것을 구경시키고 구

경값으로 갑부가 되었다고 할 만큼 작았다고 합니다. 그 발 길이가 겨우 10cm밖에 안 되었다고 하지요.

우리나라의 경우 여자들은 밖에 나갈 때 항상 '너울' '장옷' '쓰개치마' 등을 쓰고 얼굴을 가렸어요. 대비나 대왕대비 역시 남자 신하들을 대할 때 발을 드리워 자신의 얼굴을 가렸다고 합니다. 이슬람권 여성들은 '베일'을 씁니다. 이슬람 국가마다 '히잡' '차도르' '아바야' '부르카' 등 그 이름은 다르지만 한마디로 '얼굴 가리개'입니다.

지난 2021년 8월 서울 종로구 삼청로에 위치한 아트파크에서 동양화가 김호석의 개인전 〈사유의 경련〉(Recoil of the reasoning)이 열렸습니다. 그림을 보러 온 사람들이 충격받은 얼굴로 갤러리 문을 나섰지요. 눈이 없는 인물화를 보고서였습니다.

500년 전 안경을 쓴 선비의 눈이 지워져 있었지요. 눈은 마음의 창이라는데 눈을 볼 수 없는 인물화는 존재할 수 있는 것일까요? 게다가 그 그림 제목이 〈사유의 경련〉이었습니다.

눈이 없다고 해서 대충 그린 그림이 아니었어요. 미묘한 음영까지 채색된 얼굴에는 콧등과 눈가 주름, 입 주변의 팔자주름의 굴곡진 부분까지 모자람이 없었습니다. 선비의 정갈함이 느껴졌다고 할까요?

그 그림을 보니 김호석이 1980년대 화단에 충격을 던진 작품 〈황희〉가

〈사유의 경련〉, 김호석 그림, 종이에 수묵,
140×73cm, 2019.

떠올랐습니다. '서로 다른 색깔을 가진 네 개의 눈'을 보고 많은 이가 넋이
빠졌었다고 했지요.

〈사유의 경련〉도 마찬가지였어요. 눈이 생략된 그림을 통해 오히려 눈이

격렬하게 반응(경련)하고 있음을 느낄 수 있었어요. 눈이야말로 인물의 정신과 생명력의 정수입니다.

초상화의 눈동자를 그리지 않았다는 것은 그 인물을 특정한 인물로 한정하지 않겠다는 작가의 뜻인데 어쩌면 내 얼굴이자 너, 우리의 얼굴인지 모릅니다.

눈이 지워진 500년 전 안경 선비의 그림을 보고 마산 트라피스트 봉쇄 수녀원에 사는 장요세파 수녀가 시로 그림 평을 보내왔었죠.

눈 있어도
볼 수 없는 것들이
얼마나 많은지

볼 수 있다 생각하는 통에
놓쳐버리는 진리는
얼마나 많은지

눈으로 보고
눈으로 착각하며
눈 좋다 자부하는 이도 많지요

차라리

눈 없는 편이

더 나았을 것을

없는 눈이

있는 눈을 바라봄에

있는 눈이 어두워집니다

　－ 요세파 수녀의 〈눈부처〉(일부)

김호석 화백은 눈 없는 인물화를 그린 이유에 대해 이렇게 고백했지요.

　인물화의 핵심인 눈을 생략해버린다면, 아니 눈을 지워버린다면, 아니 아예 그리지 않는다면 그건 인물화로서 존재 가치가 없는 것일까? 핵심을 숨기면 죽은 인물화가 되는 것인가?

　나는 본디 부족함이 많은 화가다. 모자라면서도 전통을 재검토하고 재해석하여 미술사적 성과에 도전하고 싶은 욕심은 있다. 그래서 인물화의 정점인 눈을 지우고 비웠다. 지우고 비워 미완성인 상태가 되었는지 아니면 지우고 비우니 오히려 뜻은 확장되었는지는 유보하기로 하자.

　그러나 내 관점에 머물렀던 시각이 타자와 또 다른 타자, 그리고 사방이 거울인 엘리베이터 속의 나를 보는 것처럼 무수한 내레이터의 시선으로 바뀌고 있음을 느낄 수 있었다.

그런데 흥미롭게도 그림에서 눈을 지우니 세상 밖 수많은 눈이 기꺼이 그림의 눈이 되었습니다.

종교에서의 얼굴

그 나라 문화를 이해하는 데 종교적인 요인을 지나칠 수 없습니다. 기독교의 예수님 얼굴 역시 서양 문화의 발현입니다. 우리가 흔히 알고 있는 예수님의 머리칼은 금발입니다. 그러나 당대 살았던 사람들의 시체를 발굴해보면 골격 등이 지금의 예수님 모습과 아주 다르다고 해요. 불교의 대표적인 상징물인 불상(佛像)은 희랍 문화의 영향을 받았습니다. 그렇기에 불상 얼굴에 서구적인 문화가 스며 있어요. '십일면관음상'이나 뒤에 서 있는 보살상들을 보면 전부 서구 미(美)의 기준인 팔등신(八等身)으로 되어 있습니다. 또 우리가 흔히 알고 있는 보살은 여자지만 인도에서 보살은 원래 남자였다고 해요. 문화적 틀에 의해 새롭게 탄생한 것이죠. 이 모든 것이 유전적 요인이 아니라 문화적 요인에 의해 변형되었습니다.

안정복(安鼎福 · 1712~1791)이 쓴 《여용국전》(女容國傳)에 '여자가 화장할 때 임금이 나라를 다스리는 것처럼 해라'는 이야기가 나옵니다. 여자가 화장을 게을리하면 머리는 이로 뒤덮이고, 얼굴에서 때가 나오고, 이빨은 누렇게 되어 입에선 냄새가 나며 얼굴이 모두 일그러진다는 겁니다. 나라를 다스리는 것도 이와 같다는 일종의 우화(寓話)예요.

왕이 나라 다스리기를 게을리하자 대야장군(얼굴을 씻는 '대야'를 의인화한 장군) 등 화장품(장군)들이 전부 일어나 물리치니 여용국(여자의 얼굴)이 평화를 찾는다는 이야기입니다. 작품 속 대야나 비누, 칫솔 등은 얼굴이라는 나라를 각기 분야별로 맡아 다스리는 행정관리들입니다. 이렇게 여자가 얼굴과 몸을 가꾸는 것을 정치에 비긴《여용국전》같은 이야기는 서양인들의 글에서 찾아보기 힘든 것이 아닌가 싶어요.

사실, '화장'(化粧)도 문화입니다. 국가를 다스리는 것처럼 깨끗하게 가꾸고 잘 다스려야 한다는 유교적인 문화 특성이 반영되어 있어요.

동양에서는 아름다운 여자를 자연의 '꽃'으로 비유하는 장면이 많이 등장해요. 중국 당(唐)나라 현종(玄宗·재위 712~756)은 양귀비를 '해어화'(解語花)라 불렀습니다. 현종과 양귀비의 행렬이 연꽃을 감상하기 위해 자금성 태액지(太液池)에 이르렀어요. 현종이 주위를 돌아보면서 말합니다.

여기 있는 연꽃도 해어화보다는 아름답지 않구나.

연꽃이 아무리 아름다운들 말을 못 하는데 양귀비는 꽃은 꽃이되 말을 알아듣는 꽃이라는 뜻입니다. 단지 화장을 해서 나타나는 자연적 미의 기준으로 아름다운 것이 아니라 인간과 소통하는 과정에서 느껴지는 문화적 아름다움을 이야기한 것이죠. 해어화는 '말을 알아듣는 꽃'으로 미인(美人)을 뜻합니다.

한국인의 짙은 화장

과거 우리나라에서는 여성의 화장을 좋지 않게 보고 사치로 보는 시선도 있어요. 다만, 옛 문인 정철(鄭澈 · 1536~1593) 선생은 여성의 화장에 부정적이지 않았던 것 같아요. "여성들이 화장하는 것은 남자들을 위한 것이고, 그것은 여성들이 당신을 사랑한다는 또 다른 표현"이라고 이야기했어요.

보수적인 한국 남성들은 대체로 여성들이 화장을 진하게 하는 것을 좋아하지 않습니다. 한국 사람은 표정이 많지 않다고 했는데 화장도 일종의 표정이라면 그 표정은 희로애락을 있는 그대로 드러내기보다는 감추는 것을 선호한 듯해요. 자신이 보는 것은 괜찮지만 다른 남성에게 보여주는 것은 싫은 게 대체적인 남성 심리인 것 같아요.

흔히 서양 여인들은 남들과 다른 나름의 개성에 악센트를 두는 부분화장을 즐겨하는데, 한국 여인은 전면화장을 즐긴다고 해요. 살결이 서양 여인보다 현저하게 깨끗하고 부드러운데 전면화장을 해서 얼굴 피부가 묻혀 버린다는 지적도 있어요.

"얼굴이 희기만 하면 일곱 군데의 결함이 보상된다"는 옛말도 있듯 이 우리 여성들은 안색을 희게 보이게끔 짙은 화장을 하는 데 길들여 있다고 말합니다. 구한말 민비의 안색이 진주분을 과용하여 희다 못해 파리해진 것을 보고 웨벨 러시아 공사 부인이 서양 화장품을 대주자, "칠하나 마나"라고 하여 쓰지 않았다고 하죠. 이처럼 한국인의 짙은 화장은 전통이 있나 봅니다.

미국 뉴욕의 메이크업 전문 브랜드 '맥'(MAC)의 존 뎀시 회장이 몇 해 전 한국 언론과 만나 이렇게 말했다고 합니다.

> 한국 여성들은 정말 연구 대상이에요. 화장품에 대한 관심도 굉장히 높고, 실제로 많이 사기도 하죠. 다른 어떤 나라도 그 열풍을 따라오긴 힘듭니다. 그런데, 아침에 17단계에 걸쳐 화장품을 바른다는 게 사실인가요?

17단계를 바른다는 것은 화장을 아주 짙게 한다는 뜻이죠. 물론 일부 여성이 그렇다는 얘기겠지만, 외국인이 보기에 놀랍다는 투였어요.

한국과 일본 여성을 비교할 때 일본 여성은 전반적으로 신제품 사용을 망설이는 반면, 한국 여성은 매우 적극적인, 심지어는 공격적인(aggressive) 성향을 띨 정도로 유행에 민감하다고 합니다. 한국인의 화장 사랑은 예나 지금이나 다르지 않나 봅니다.

쥘리에트 그레코의 눈 화장

'파리의 뮤즈'로 널리 알려진 쥘리에트 그레코(Juliette Greco · 1927~2020)라는 저음의 프랑스 가수가 있습니다. 이브 몽탕, 에디트 피아프와 더불어 샹송의 전설로 꼽히죠. 사르트르가 그녀의 목소리를 두고 "수백만 개의 시(詩)가 담겨 있다"고 찬양했을 정도였어요.

나치 수용소에서 막 석방된 무명의 스무 살 때 이야기입니다. 우뚝 코, 옴팍 눈의 볼품없는 그녀가 수용소 문을 나왔을 때, 주머니에 든 지하철 승차권 한 장이 전 재산이었다고 하죠. 생제르맹 거리의 '플로르'라는 카페를 찾아가 배고픔을 잊기 위해 노래를 불렀다고 합니다.

"저 아가씨가 저음을 낼 때 아가씨의 눈에서 1만 볼트의 전압이 방사된다"는 어느 손님의 칭찬을 들었다고 하죠. 그때부터 자신의 눈동자를 강력하게 보이려고 약간의 속눈썹 손질 이외에 어떤 화장도 하지 않았다고 합니다.

폼페이 부부의 초상화

폼페이는 AD 79년 베수비오 화산 폭발로 18시간 만에 증발

폼페이 부부의 초상

된 도시입니다. 화산으로 인해 순식간에 도시는 잿더미에 파묻히고 산 사람도 그대로 매몰되었어요. 그곳에서 빵 가게라고 생각되는 집에서 부부의 초상이 발굴되었습니다.

여담이지만 눈이나 얼굴의 생김새가 동양인에 참 가까워요. 우리가 알고 있는 것보다 실제 그리스 사람들은 동방 쪽에 가까웠습니다. 사람들이 그리스인들을 서양인이라고 인식하게 된 데에는 르네상스 이후 문명의 중심이라 여겨졌던 그리스·로마인들을 백인으로 만들고자 하는 의식적 작용이 있었다고 보기도 합니다.

여튼 그림의 표정을 보면 영웅적인 권력자의 모습도 아니고, 그렇다고 교활한 장사꾼의 얼굴도 아닙니다. 여자의 오른손에는 펜이 들려 있고, 왼손에는 석판이 있어요. 남자는 종이를 들고 있습니다. 글을 쓰고 책을 읽는 사람임이 분명해요. 발굴된 곳이 빵 가게여서인지 이들은 '빵 가게 주인 부부'라고 알려졌지만 최근에 다시 논의된 바에 따르면 이 사람들은 당대의 지식인이라는 겁니다. 눈을 보세요. 눈빛 안에 내면에서 우러나는 깊이가 있어요.

한국인의 얼굴들을 보면 이런 비슷한 눈빛들을 볼 수 있습니다. 중국과 한국은 모두 무관(武官)이 아닌 문관(文官)이 지배하던 나라입니다. 칼을 쥐는 무의 지배와 펜과 종이를 쥔 문의 지배 하에서의 얼굴은 그 표정부터 달라요. 문화가 그 시대 사람의 얼굴과 눈빛에서 드러납니다.

한국인이 갖는 문화적 특성 중 하나는 평화주의자라는 것입니다. 경쟁력은 약하지만 생존력은 강합니다. 비근한 예로 소나무를 들 수 있어요. 소나무는 떡갈나무, 활엽수하고 싸우면 쫓겨납니다. 죽는 것이죠. 그러나 활엽수가 절대 갈 수 없는 곳, 황무지나 낭떠러지 같은 곳에서 소나무는 뿌리를 내리고 살아요. 낙락장송(落落長松)이라는 말이 이래서 생긴 겁니다. 활엽수가 살지 못하는 땅에서 소나무가 살 수 있는 것은 그 생명력 덕분입니다.

한국인이 평화주의자라고 말했지만 생존 환경에 따라서 그 눈빛이 달라진다고 할 수 있습니다. 20여 년 전 일본 월간지 《문예춘추》에 재일 한국인에 대한 논픽션 보고서가 실린 적이 있습니다.

왜 재일(在日) 한국인들은 거친 야쿠자와 맞서야만 하는 파친코(빠찡꼬) 업에 뛰어들었는지, 왜 일본 프로축구 J리그 스타들은 자신의 국적을 숨겨야 했는지…. 일본인도 한국인도 애써 외면했던 재일 한국인의 실상을 담은 글이어서 큰 화제를 모았지요.

극심한 취업 차별을 당하며 빠찡꼬, 불고기집, 고물상, 막일꾼 등 일본인이 외면하거나 싫어하는 밑바닥 생활에서 출발해 당당히 성공한 재일 한국인들의 애환에는 일본인조차 두려워하는 독한 '조센징의 눈빛'이 담겨 있다고 합니다.

그 눈빛에서 '불꽃이 튄다'고 해도 믿고 싶어요. 보통의 일본인과 다른, 강인한 생존력의 눈빛이지요. 아프리카에서 벗어나 극심한 추위를 견디며 머나먼 시베리아까지 온 사람들의 반짝이는 눈빛, 그리고 불굴의 용기와 배짱, 도전 의식을 느끼게 해요.

임진왜란 때 일본에 끌려간 도공(陶工)의 눈빛도 재일 한국인에서 찾을 수 있습니다. 희다 못해 푸른 빛깔을 머금은 백자, 그 빛깔을 만든 도공의 형형한 눈빛을 떠올리게 합니다. 산에 올라가 나무를 하고, 장작을 패며, 수많은 장작더미가 불꽃으로 사라지는 것을 말없이 지켜보는 도공의 눈빛 말입니다. 그 눈빛에 이글거린 한(恨) 많은 세월이 담겨 있습니다.

한국인, 경쟁력은 약하나 생존력은 강해

한국 사람들은 사막에 떨어져도 산다고 하죠. "너희는 좋은 데 가서 살아라. 나는 너희가 못 사는 곳에서 너희가 없는 새로운 터전에서 살아남을 것이다." 그래서 나는 소나무를 보면 눈물이 납니다. 우리 조상들을 보는 것 같아서요. 독하게 싸우고 버티고 살아남은…. 왜 양보를 해서 남들 못 사는 그 척박한 땅에 가서 사나요? 지금 생각해보면 평화주의자는 좋은 것을 놓고 경쟁하지 않고 스스로 남이 거들떠보지 않는 곳에서 자신만의 삶을 일구는 사람들입니다. 한국이 그렇습니다. 경쟁력은 약하지만 생존력은 강하죠.

지구상에 가장 오래 살아남은 바퀴벌레를 봐요. 몇 달을 굶어도 끄떡없습니다. 죽는 순간에도 그냥 죽지 않고 알을 퍼뜨립니다. 죽으면서도 웃을 수 있는 것이죠. 생긴 것도 납작하게 생겨서 어디든 갈 수 있어요. 방사능에도 끄떡없다고 하죠. 이 세상에서 끝까지 살아남은 곤충이 바퀴벌레입니다. 먹을 게 없는 우주에서도 살 수 있는 게 바퀴벌레예요. 봉준호 감독의 영화 〈설국열차〉(2013)에서도 바퀴벌레를 기르더군요.

모든 동물이 추워지면 따뜻한 남쪽을 향해 떠나는데 펭귄은 반대로 가장 추운 남극으로 갑니다. 폭풍이 휘몰아치는 혹독한 추위를 향해 새끼를 낳으러 가는 것이죠. 아무것도 생존할 수 없는 그곳이, 알을 낳아도 훔쳐 먹는 경쟁자가 없는 그곳이 새끼를 낳기에 가장 안전하기 때문입니다. 그래서 펭귄의 어미는 그 추위를 버텨냅니다.

풍뎅이는 또 어떠한가요? 산불이 나는 것을 10리 밖, 20리 밖에서도 알아차리는 곤충입니다. 인간이 가지고 있는 그 어떤 기계에서도 포착할 수 없는 산불도 감지해냅니다. 가장 먼저 산불을 인지한다고 하죠. 더욱 신기한 것은 모든 동물이 산불이 나면 산불을 피해 도망가는데 풍뎅이는 산불이 난 곳으로 들어가 거기에 알을 낳습니다.

한국인의 생존력은 남하고 싸워서 뺏고 이기는 경쟁에서 오는 생존력이 아닙니다. 싸우지 않고 남이 못 사는 데 척박함 속으로 들어가서 견뎌내는 생존력이죠.

새로운 것을 찾아가는 호기심, 싸우지 않고도 살아남을 수 있는 생존력이 강한 민족. 혹독한 영하 70도의 추위를 이겨내고 이곳까지 내려온 우리 선조들의 모습입니다.

그러나 우리는 비록 혹독한 땅 시베리아에서 왔지만 일본처럼 무를 숭상한 무의 나라는 아니었어요. 날카롭고 무서워 보이며 표독한 느낌의 얼굴이 아니라 유순하고 뭔가 깊이 생각하는 내면적 얼굴을 하고 있습니다.

문학적 비유이기도 한 '강한 자가 살아남는 것이 아니라 살아남는 자가 강한 자'라는 말이 있습니다. 이 말은 한국인에게 해당하는 말인 것도 같지만, 인류 역사가 그렇게 진화해 왔다고 합니다.

일본인 분자고생물학자인 사라시나 이사오(更科功)가 쓴《절멸의 인류사》(2018)를 읽으니 네안데르탈인은 호모 사피엔스보다 더 강인한 신체와 더 큰 뇌를 가지고 있었다고 합니다. 혼자 똑똑한 것과 무리의 성공은 별개입니다. 이치를 먼저 발견한 이가 먼저 변했고 이를 무리들에게 설명, 설득하는 합의의 과정을 거치며 더 문화가 진보할 수 있었던 겁니다. 그리고 자신이 발견한 것을 후대에 전수하며 문화를 꽃피울 수 있었던 것이지요.

또 침팬지, 고릴라는 날카로운 송곳니를 지니고 있었지만, 인류는 송곳니 크기가 작아지는 쪽으로 진화했어요. 생존에 유리한 무기가 없어도 생존할 수 있었던 비결은 무얼까요? 시라시나 이사오는 "인류가 서로 위협하거나 죽이지 않았기 때문이라고 생각하는 것이 자연스럽다"고 말합니다. 또 진화론적으로 단단한 음식을 먹기 위해선 튀어나온 송곳니가 오히려 불편했기에 송곳니가 작아졌을 수도 있습니다.

털도 마찬가지입니다. 포유류의 몸은 대개 무성한 털로 뒤덮여 있어서 추위와 햇볕으로부터 몸을 보호할 수가 있었습니다. 반면 인류는 털이 없는 쪽으로 진화했어요. 더운 날에 아프리카의 초원을 뛰거나 달리면 체온이 올라갑니다. 몸에 털이 많으면 체온이 떨어지지 않아요. 털이 많은 포유류가 열을 낮추기가 어려워 오랫동안 이동할 수가 없었을 겁니다. 인류는 채집이나 사냥을 위해 이동하면서 몸의 체모가, 혹은 털이 불필요해졌을 겁니다.

체모가 사라지면 햇빛이 직접 피부에 닿게 되고, 자외선으로부터 피부를 보호하기 위해 멜라닌 색소가 증가하면서 피부가 점차 검게 변했다고 추정하기도 합니다.

인류의 조상이 다른 포유류에 비해 힘이 약했지만, 바로 약했기 때문에 오래 생존하며 문화를 꽃피울 수 있었듯이 한국인 역시 마찬가지입니다. 주변 강대국 속에서 열세를 극복하고 문화적 꽃을 피울 수 있는 특별한 이유도 인류의 역사 속에서 답을 찾을 수 있습니다.

3부 | 미소로 본 한국인의 얼굴

한국인의 얼굴은 어떤 얼굴일까요. 한국인 얼굴의 고유한 특징은 무엇일까요. 문화적 의미의 한국인 얼굴에서 한국인을 찾아봅니다. 그 얼굴엔 한국인다운 무언가가 담겨 있습니다. 꼬집어 말하기 어렵다고 해도 말이죠. 마치 익숙한 모국어 같고, 김장독 묵은지 같고, 미워할래야 미워할 수 없는 우리 얼굴입니다.

오랫동안 땅속에 잠들어 있던 완벽한 인골을 찾아내 한국인의 진짜 얼굴을 복원하면 좋겠지만 이미 흙 속에 녹아 흔적 없이 사라졌습니다.

대신 고분의 벽화나 불상, 장승, 혹은 풍속화나 초상화 등지에서 한국인 얼굴 원형을 더듬을 수 있겠지요. 그 얼굴은 실재했던 얼굴일 수 있으나 역사적 상황과 시대적 배경, 풍습, 제도, 통치자의 의도나 신분의 고하에 따라 의도적으로 부풀려졌거나 왜곡되어 보일 수도 있습니다.

다시 말해 당대 사람들의 얼굴을 그대로 나타낸 것이 아니라 양식화한 것입니다. 문화적 세례를 받은 얼굴인 것이지요. 그러나 그 얼굴 안에 한국인의 보편적 얼굴을 유추할 수 있는 실마리가 분명히 있습니다. 그 실마리에 상상력의 입김을 불어넣어 봐요.

얼굴박물관에서 만난 얼굴들

경기도 광주시 남종면에 위치한 얼굴박물관에 가보았습니다. 그곳에 수많은 한국인의 얼굴이 있었어요.

그중에서도 한국의 석인(石人)들, 혹은 돌사람, 돌장승, 문인석, 무관석, 동자석, 망부석이 있었습니다. 나무로 만든 장승(벅수)도 보였어요. 한국의 산야(山野) 어디를 가든 만날 수 있는 얼굴이었죠.

가만히 쳐다보면 비슷한 얼굴상(像)이지만 보는 이의 마음에 따라 표정이 바뀌는 것 같았어요. 웃는 동자석이 때로 슬퍼 보였죠. 근엄한 모습의 장승이 왠지 싱거운 이웃 아저씨 같았어요. 문관석 앞에 서면 괜히 목례라도 하고 싶어지고, 망부석 같은 애절한 모습 앞에 가면 발길이 절로 머물렀습니다.

105

수백, 수천 년의 긴 세월을 이겨낸 우리 민족의 표정이 돌과 나무, 도자기에 담겨 있었어요. 다양한 표정 속에 장인의 예술적 감수성과 시간의 흐름까지 만날 수 있는 곳이 얼굴박물관이었습니다. 옛사람의 손길이 담긴 얼굴 표정이 오늘을 사는 사람들의 표정으로 바뀌는 순간을 경험하게 되었죠.

손으로 만져보면 그냥 돌이지만 그 속에 영적(靈的)인 느낌이 '넘치지 않게' 담겨 있었어요. 무속(巫俗)보다는 친근하다는 느낌이 더 들었습니다.

얼굴박물관의 얼굴들은 김정옥 관장이 지난 반세기 동안 모은 겁니다. 1000점이 넘는 석인, 목각인형을 비롯해 도자기와 유리 인형, 그리고 사람 얼굴을 본뜬 와당과 가면(탈) 등으로 발 디딜 틈이 없었어요. 모두 한국인의 미술적 문화유산이었어요.

그곳에서 배우 얼굴도 만났습니다. 국내외 무대에서 200여 편의 연극을 연출한 김정옥 관장과 함께 무대에 섰던 배우들의 다양한 표정의 얼굴 사진을 전시하고 있었습니다. 지금까지도 박수받는 명배우들이었습니다. 그들의 얼굴을 보는 것만으로 행복했어요.

광기에 가까운 정열을 지녔던 나옥주, 김 관장이 "연기자 될 생각 말고 공부나 열심히 하라"고 충고했던 고두심, 연기만이 아니라 판소리 등 전통 연희에도 재능을 가진 '토탈 광대' 김성녀, 특별히 연기를 하지 않으면서도 깊이 있는 연기를 한 김혜자, 연극계의 신사 박웅, 절제 있는 연기의 박

인환, 예술적 창조에 욕심 많던 박정자, "인생 7할이 무대 인생이었다"는 오영수, 김 관장이 "장관 할 생각 말고 더 훌륭한 연기자로 매진하라"고 권했던 유인촌 등 수많은 배우의 얼굴이 얼굴박물관 한쪽을 차지하고 있었어요.

그런데 배우 얼굴을 자세히 보니 흥미롭게도 얼굴 생김생김이 모두 달랐습니다. 저마다 눈, 코, 입, 귀가 달랐고 머리 크기, 얼굴 형태도 달랐습니다. 어떤 이는 얼굴이 넓고 길며, 이마는 높으나 앞이마가 특히 좁고, 코 등 중안부의 길이가 길었습니다. 어떤 배우는 검은 얼굴에 주름살이 일찍부터 진 얼굴이었고, 어떤 배우는 흰 얼굴에 동안이었으며 어떤 배우는 '얼큰이'(얼굴 큰 사람)였습니다. 이 배우들의 얼굴 속에 한국인 얼굴의 형태상 특징이 모두 담겨 있었습니다.

《조선일보》 '이규태 코너'(1999. 12. 11.)를 읽다 보니 이런 문장이 나오더군요.

동북아시아에 있어 북방민족일수록 얼굴이 수직팽창(垂直膨脹)하고 남방민족일수록 수평팽창(水平膨脹)한다는 설이 있다.

수직팽창은 얼굴이 길쭉하거나 달걀모양이란 뜻이고, 수평팽창은 넓적하거나 넙대대한 얼굴을 말합니다.

한국인은, 북한을 빼고 남한에 사는 한국인은 남하 종족(북방계)과 북상

종족(남방계)이 절충된 얼굴로 보는 게 합리적입니다. 그러나 과거만 해도 그렇지 않았을 겁니다. 예를 들어 부여 능산리에서 출토된 6~7세기경 백제 귀족 부부의 머리뼈를 복원해 점토(粘土)로 얼굴을 재생한 것을 보면 수직팽창한 북방계임을 알 수가 있어요. 곧 고구려의 유민이 남하하여 백제를 건국했다는 사실을 알 수 있게 합니다.

반면 남부지방, 해안가, 강가의 주민 중에는 남방계형 얼굴이 많았을 것으로 추정합니다. 내륙지방에 북방계 얼굴의 출현이 두드러진 것과 대조적이겠죠. 북쪽에 북방형, 내륙형 얼굴이 더 많고 동부보다는 서부에 북방형이 더 많음을 알 수 있어요. 고구려 유민이 백제에 정착한 한반도 유입경로를 봐도 그렇습니다.

남방계 얼굴을 남부지방에서 주로 볼 수 있고 해안이나 강가에 많다는 사실은 이들 남방계가 한반도에 이주해 와서 주로 물가에서 고기를 잡고 조개를 캐 먹었을 것으로 추정할 수 있습니다. 눈썹이 짙고 눈이 큰 경향이 많은데, 부산 영도구 동삼동 패총에서 발견된 조개에는 사람의 눈으로 생각되는 구멍이 두 개 뚫려 있었어요. 조개껍데기가 둥글고 넙대대한 얼굴을 연상시키죠. 단번에 눈이 큼지막했다는 것을 알게 됩니다.

한국인의 얼굴 - 꾸밈없이 그리기

서양 사람들은 대체로 어릴 때부터 소프트한 유동식을 먹습니다. 하지만 우리는 딱딱한 걸 주로 먹죠. 딱딱한 걸 먹기 때문에 세계에서 이[齒]가 가장 큰 민족이 되었습니다. 드라큘라 이야기가 서양의 대표 공포물이 되는 것은 서양인의 치아 특징이 뾰족하고 송곳니가 발달했기 때문이죠. 이와 반대로 우리는 어금니가 발달했어요. 정확히 말하자면 우리는 씹기보다는 갑니다. '그라인딩'입니다. 서양의 '츄잉'과는 구분되는 개념입니다. 그래서 추위를 견뎌온 것 때문만이 아니라 이렇게 맷돌처럼 그라인딩하는 식(食)문화 때문에도 턱이 발달하고 광대뼈가 튀어나오게 된 것이라고 합니다. 물론 이것 역시 하나의 설(說)입니다.

대개 서양화가들은 모델의 옆얼굴을 그립니다. 하지만 우리는 옆얼굴을 거의 그리지 않고 정면에서 바라보는 얼굴을 그립니다. 예부터 내려오는 우리 선조들의 초상화를 보면 분명히 알 수 있어요.

조선 후기의 선비화가 윤두서(尹斗緖 · 1668~1715)의 자화상을 보더라도 분명하게 우리나라 사람들의 얼굴은 대칭적이라 좌우가 같아요. 그런데 〈모나리자〉(제작년도 1503~1506년)를 비롯해 서양인의 얼굴은 좌우가 다릅니다.

〈모나리자〉의 얼굴 역시 자세히 살펴보면 오른쪽 눈이 약간 위로 올라가 있어요. 그런데 보통의 경우 우리는 양쪽 눈이 똑같습니다. 우리의 얼굴은 좌우대칭형에 가깝습니다. 자세히 살펴보면 서양 사람들은 얼굴이 좌우 짝짝이인 경우가 많지만 한국 사람들은 대체로 좌우가 똑같아요. 이것은 유전적 요인이라기보다는 문화적 요인에 기인한 바가 큽니다.

한 가지 더 특징을 말하자면 있는 그대로 꾸밈이 없다는 점입니다. 또 엄격하고 딱딱해요. 아주대 의과대학 초대 학장과 의무부총장을 지낸 이성낙 교수가 펴낸 《초상화, 그려진 선비정신》(2018)은 조선시대 초상화 519점을 살펴보며 분석한 책입니다. 피부과 의사인 이 교수는 초상화에 나타난 피부병변을 진단했는데, 그림 속 주인공이 선비이건, 화원(畵員)이건 그들이 수많은 초상화를 그리면서 대상이 되는 이의 모습을 '있는 그대로', '보이는 그대로', 그 어떤 꾸밈도 없이 화폭에 옮긴 덕분이었어요. 후대에 전해져 오는 조선시대 초상화 중에서 웃는 모습은 찾아볼 수 없습니다. 입을 굳게 다물고 꾸밈없는 담담함과 담백함을 느낄 수 있었습니다. 이 교수는 "조선시대 초상화를 통해 조선의 선비정신을 새로운 시각에서 보고 높은 긍지를 가지게 되었다"고 말합니다. 정신의 고매함이 느껴진다고 할까요?

대개의 초상화가 모델의 얼굴을 정직하게 그렸고 얼굴에 나타난 피부병변도 사실적으로 묘사했던 겁니다.

예컨대 조선시대 초상화 519점 중 약 14%에 해당하는 73점에서 천연두 흉터를 볼 수 있었다고 해요. 이 사실을 통해 조선시대에 천연두가 오래 창궐했음을 역사적 사실로 확인할 수 있습니다. 흥미로운 점은 많은 문헌

〈오명항 초상〉, 작자 미상

자료에서 17~18세기에 중국과 일본에서 천연두가 큰 사회적 문제였음에도 일본 초상화에서는 천연두 흉터를 전혀 볼 수가 없었다고 해요. 중국 초상화에서도 가끔 나타났을 뿐입니다. 조선시대 초상화에 담긴 '있는 그대로' 보여주고자 하는 정신이 충실하게 반영된 결과라고 할 수 있어요. 이성낙 교수는 또 다른 예로 조선 후기 문신인 우의정 오명항(吳命恒·1673~1728)의 초상을 예로 듭니다. 일본의 덴리대학도서관에 소장하고 있는 〈오명항 초상〉에는 어두워진 얼굴빛, 죽음의 그림자를 엿볼 수 있습니다. 심지어 안면이 온통 천연두 흉터로 덮여 있었습니다. 얼굴빛이 검은 것은 간경변증의 말기 증상에 의한 흑색황달로 진단할 수도 있습니다. 즉위한 지 얼마 되지 않은 영조의 임금 자리를 위협했던 이인좌의 난을 진압한, 그야말로 공로가 하늘을 찔렀던 오명항의 초상화에 천연두 흉터와 흑색 황달이 그대로 묘사되어 있는 데서 올곧은 선비정신을 엿볼 수 있습니다.

선비정신의 요추(要樞)는 '정직함'입니다. 그리고 그 정직함 덕분에 조선시대 초상화에는 대상 인물의 보기 흉한 모습까지 표현될 수 있었던 것이죠. 오명항이 자신의 모습을 보기 좋게 그리라고 했거나, 화가가 그의 눈치를 보았다면 지금과 같은 초상화가 전해지진 못했을 것이기 때문입니다.

한국인의 얼굴 - 선사(先史)의 미소

이번에는 한국인의 얼굴에서 미소를 찾아볼까 합니다. 미소야말로 한국 문화의 얼굴입니다.

멋쩍게 웃는 웃음을 '오리엔탈 스마일'이라고 하지만 꼭 그런 것은 아닙니다.

충북 청주시 상당구 문의면 두루봉 동굴에서 출토된 '뼛조각 인물상'을 본 적이 있나요? 약 20만 년 전 구석기인들이 사슴뼈에 새긴 형상인데 인물 조각상으론 세상에서 가장 오래되었다고 하지요.

코는 없지만 눈과 입은 뚜렷합니다. 입을 벌려 아이가 밝게 웃는 모습 같기도 합니다. 귀를 세워 들으면 해맑은 아이 웃음소리가 들릴지 모릅니다. 고고학자들은 두 눈을 표현하기 위해 오른쪽에 두 번, 왼쪽에 한 번을 날카로운 도구로 찍은 것 같다고 말합니다.

입은 눈보다 훨씬 큰 데 다섯 번이나 쪼았다고 하지요. 1976~78년까지 충북대 이융조 교수팀에 의해 발굴될 당시 두루봉 동굴에는 불을 피우던 화덕자리와 숯, 열매를 으깨는 데 썼던 돌망치, 짐승의 가죽을 벗기거나 자르는 데 사용한 긁개와 자르개 등의 돌연모도 발견되었다고 하지요.

이번에는 그 옆 마을인 충북 옥천군 동이면으로 가볼까요?

옥천에는 안터 선사공원이 있습니다. 1977년 발굴된 고인돌(충북유형문화재 제10호) 유적지를 공원으로 조성한 겁니다.

고인돌에 쓰인 덮개돌이 거북이 모양인데 판돌 4매를 짜 맞춰 무덤방을 지상에 축조한 탁자식 고인돌입니다. 발굴 당시 X 모양을 새긴 돌, 얼굴 모양의 예술품, 가락바퀴, 그물추 등이 함께 나와 고인돌에 묻힌 이가 여자일 것으로 추정되었지요.

무엇보다 돌에다 실눈 두 개와 입을 새긴 형상이 출토됐는데 마치 여인이 다소곳하게 웃는 것 같은 모양새입니다. 길이 12cm, 너비 9cm, 두께 2cm 정도의 강돌에다 얼굴을 새긴 그 모습이 장난스럽기도 하고 즐거운 표정 같기도 합니다. 어찌나 귀여운지요?

흔히 고인돌은 죽은 우두머리나 부족장의 권력이나 힘을 과시하는 상징물로 알려져 있지만, 안터 선사공원의 고인돌은 성격이 다르다고 할 수 있어요. 부족 사람들의 사랑을 받던 한 여성을 추모하는 고인돌로 볼 수 있지 않을까요? 이 유물을 발굴한 충북대 발굴팀은 안터 고인돌이 기원전 4000년경 신석기시대 말기 유적으로 보고 있습니다.

그런데 이 고인돌에서 일직선상으로 약 210m 떨어진 곳에 선돌이 발견됐는데 임신한 여성의 모습을 표현한 것이라고 합니다. 아기를 밴 여성이 고인돌을 바라보는 모습과도 같은 것이죠. 고인돌을 쌓고 선돌을 세운 거석(巨石)문화의 주인공이 여성이란 사실이 놀랍고, 수천 년이 흘러도 그 여성의 미소를 볼 수 있다는 사실도 놀라워요.

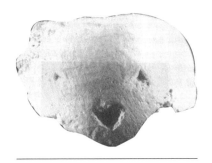

사슴뼈 얼굴 조각(청주 두루봉 동굴)

조개 가면(부산 영도구)

충북 청주와 옥천을 거쳐 부산으로 가볼까요?

1969년~71년 사이에 부산 영도구 동삼동 패총에서 신석기시대의 조개가 나왔어요. 그런데 이 조개들에는 사람의 눈으로 생각되는 구멍이 나란히 뚫려 있었어요. 앞서 얘기한, 바로 그 조개가면이지요. 어떤 조개는 두 눈 아래에다 입처럼 구멍을 뚫은 형태도 있어요. 마치 입을 크게 벌리고 웃는 모습 같기도 합니다. 크기는 대략 12cm에서 13cm 정도로, 지금으로부터 7000년 전에서 4000년 전 사이의 것으로 보입니다.

그렇다면 왜 조개에다 구멍을 뚫었을까요? 의식(儀式)용 도구설이 가장 유력해 보입니다. 집단의 공동의식이나 행사 때 의례적으로 쓰였을 것으로 추측되죠. 또한 놀이문화와 관련 있는 장난감으로 보는 시각이 있어요. 이것도 종교적 축제와 무관할 수는 없지요.

\#　　　한국인의 얼굴 – 불상의 미소

　　　삼국시대 대표적인 작품인 국보 78호 미륵보살반가상(彌勒菩薩半跏像)을 떠올려 봅니다.

두 손가락으로 가볍게 볼을 짚고 사유(思惟)에 잠긴 미륵보살의 눈웃음에는 중후한 기상이 서려 있어요. 반원(半圓)을 그리면서 내려오는 가느다란 눈썹과 코까지의 우아한 선(線), 부드럽게 다문 입술, 그리고 없는 듯 있는

듯 가늘고 긴 눈에 어린 웃음…. 그 웃음에는 불교의 대자대비(大慈大悲·
끝이 없는 자비)가 단단한 청동의 금속성을 뚫고 흘러나오는 듯 느껴져요.
이런 미소를 염화미소(拈華微笑)라고 하지요.

어느 날 석가가 영산회상(靈山會上)에서 한 가지의 꽃을 들고서 사람들을
보았지요. 모두가 이유를 몰라 잠자코 있는데 마하가섭(摩訶迦葉)만이 파
안미소(破顏微笑)를 지었다고 해요. 꽃을 든 석가의 뜻과 웃음을 띤 가섭의
마음이 이심전심 하나가 되었다는 것이 염화미소입니다. 없는 듯 있는 보
살의 웃음에는 그렇게 숨은 뜻이 담겨 있지요.

국보 80호 경주 구황동 금제여래입상은 경주 황복사지 삼층석탑(국보 37
호)에 안치된 사리함에서 발견되었어요. 높이가 14cm 정도인 순금 불상
입니다. 상투 모양의 머리에 콧날은 날카롭지만 분명 입가에 미소가 번져
있습니다. 빛을 상징하는 머리 뒤의 원형 광배(光背)가 있어서인지 이 미
소가 더욱 아름답게 보입니다. 무언가 넉넉하게 품에 안는 듯한 부처님
의 자비로움이 느껴지면서도 왠지 장난기가 묻어나는 미소라는 생각도
들어요.

사람 크기와 맞먹는 등신대(等身大)로 제작한 금동미륵보살반가사유상(국
보 83호)은 미륵보살반가상(국보 78호)과 함께 국내에서는 가장 큰 금동반
가사유상으로 높이가 93.5cm나 됩니다. 머리에 3면이 둥근 산 모양의 관

(冠)을 쓰고 있어서 '삼산(三山)반가사유상'으로도 불리죠.

얼굴의 눈두덩과 입가에 잔잔한 미소를 풍기고 있어요. 어떻게 보면 웃는 것도 같고 웃지 않은 것도 같아요. 알듯 모를 듯 사람의 마음을 꿰뚫어 보는 것도 같습니다. 해탈의 웃음일지 모릅니다. 불교에서 해탈은 결박이나 장애로부터의 해방, 자유를 의미합니다.

이 반가사유상은 상체엔 옷을 걸치지 않았고, 목에 2줄의 목걸이가 있을 뿐 아무런 장식이 없습니다. 단순하면서도 균형 잡힌 몸, 자연스러우면서도 입체적으로 처리된 옷주름, 분명하게 조각된 눈·코·입의 표현은 정교하게 다듬어진 주조 기술을 보여줍니다. 잔잔한 미소에서 느껴지는 반가상의 자비로움은 우수한 종교 조각으로서의 숭고미를 더해줍니다. 미륵보살반가상보다 연대가 내려와 삼국시대 후기에 만든 것으로 추정됩니다. 1920년대에 경주에서 발견되었다고 전해지나 아직 명확하게 드러나진 않았어요.

국보 24호인 석굴암 본존불(石窟庵 本尊佛)인 석가여래좌상(釋迦如來坐像)의 미소도 빼놓을 수 없지요.

활짝 깃을 편 학(鶴)의 날개처럼 둥근 사선(斜線)을 그으며 두 끝을 향해 차츰 올라간 눈썹, 그리고 눈, 더 고요히 감긴 눈, 다문 연꽃입술, 타원의 얼굴 윤곽과 함께, 모든 얼굴의 부분들이 단 한 순간의 어긋남도 없이 원만한 완벽의 조화를 이루며 지극히 인자하고 고요한 웃음을 짓습니다. 어느

미륵보살반가상(국보 78호)　　　　금동미륵보살반가사유상(국보 83호)

덧 딱딱한 돌의 물성(物性)이 사라지고 오직 자애로운 것들만이 고즈넉이
돌의 미소를 완성합니다.

보물 330호인 부여 군수리 금동보살입상 (扶餘 軍守里 金銅菩薩立像)에도 미
소를 찾을 수 있습니다. 1936년 충청남도 부여 군수리 백제 절터를 조사
할 때 발견된 금동보살인데 제작 연도가 6세기로 추정되며 보살의 얼굴
형태는 당대 백제인의 얼굴로 보여집니다. 다른 불상과 달리 이 금동보살
은 얼굴이 둥글넓적하고 복스럽습니다. 머리를 길게 늘어뜨린 것도 같은
데 비교적 볼륨이 뚜렷해 보입니다.

석굴암 본존불(국보 24호)

부여 군수리 금동보살입상(보물 330호)

이 불상을 보고 있노라면 마음의 평화가 느껴집니다. 불상을 올려다보고 합장하던 이들의 넉넉한 마음을 떠올리면 마음이 밝아집니다. 곧은 코, 내리뜬 눈, 살찐 두 볼 속에 묻혀 있는 앙월형(仰月形) 입에 담긴 미소는 백제인이 염원했던 행복의 상징이 아닐까요. 혹자는 이 모습을 보고 "부드럽게 흘러내린 옷 천의(天衣) 속에 벌레라도 기어들어서인지 간지럼을 타는 듯한데, 억지로 참은 웃음을 얼굴에 가득 머금었다"[10]고 표현하고 있지요.

10　황규호의《한국인의 얼굴 이야기》

1963년 12월 경남 의령군에서는 고구려 금동여래입상(국보 119호)이 발견되었어요. 대의면 하촌리 산비탈에서 도로공사용 자갈을 채취를 하다가 불상을 발견해 고고학계를 깜짝 놀라게 했지요.

불상 뒷면에는 연가칠년기미(延嘉七年己未)라고 쓴 새김글씨 명문(銘文)이 들어 불상을 만든 연대를 확실히 알려주지요. 연가는 고구려의 독자적 연호로 여겨지는데 고구려 안원왕 9년인 서기 539년로 볼 수 있는 국내 최고(最古)의 불상입니다. 전체 높이가 16.2cm니까 아담한 크기라고 해야겠지요.

유난히 두꺼운 옷에 싸여 신체적 볼륨은 알기 어려우나 미소만큼은 분명합니다. 아래로 내리깐 눈매와 꼭 다문 입술에 미소가 은은하게 배어 있습니다. 이런 미소를 어떻게 표현해야 할지 답답하지만 '신비한 미소'라고 해야 하지 않을까요?

당시 고구려 백성들은 저 신비한 미소를 바라보며 저절로 그 미소를 닮은 표정을 지었을 것만 같아요. 그러니까 저 불상의 미소 속에 고구려 백성의 표정도 숨어 있음이 틀림없습니다. 그런데 고구려 불상이 경남 의령의 산비탈에서 발견된 이유는 미스터리입니다. 고구려의 힘이 그곳까지 미쳤을까요? 고구려 스님이 경남지방에까지 포교를 하였을까요?

서울 삼양동 금동관음보살입상(金銅觀音菩薩立像)의 미소를 한번 살펴볼까? 국보 127호인 이 보살상은 높이가 20.7cm로 제법 큽니다. 뜨고 있으면 커다랗게 보였을 두 눈을 감는데, 질끈 감은 것이 아니고 살짝 감았어요. 감은 일자(一字) 눈이 입보다 더 깁니다. 입이 상대적으로 조그마하게 보입니다. 그런데 입가에 엷은 미소를 짓고 있어요. 보기에 따라 웃는 듯 안 웃는 듯 아리송합니다. U자형 늘어진 옷과 더해서 보살상의 부드러움을 한층 배가시킵니다.

한국인의 얼굴 - 천년의 미소

    신라시대 유물인 얼굴무늬 수막새 또는 인면문(人面文) 수막새에는 가장 한국적인 얼굴의 미소가 담겨 있습니다.

막새란 옛 기와집의 처마 끝에 조각한 무늬기와를 말해요. 막새는 험상궂은 귀신얼굴[鬼面] 막새와 사람얼굴[人面] 막새가 있어요. 인면 막새 중 미소 막새는 악령을 미소로 맞이해 해코지를 막기 위한 의도로 보입니다.

경상북도 경주시 탑정동 영묘사지에서 출토된 미소 막새는 '신라의 미소' 혹은 '천년의 미소'로 불릴 만큼 신라를 상징하는 유물로 자리 잡았습니다. 당대 신라인의 미소라고 해도 틀린 말이 아닐 겁니다. 아마도 신라인들은 나쁜 기운을 몰고 올 험상궂은 귀신이 미소 막새를 만나면 힘을 잃길 바랐는지 모릅니다.

이번에는 백제 익산 미륵사지의 수막새 가운데 얼굴이 그려진 기와입니다. 국립익산박물관에서 보관 중인 이 얼굴 그림을 두고 부처나 보살, 혹은 신선의 얼굴이라고 보는 시각이 있어요.

수막새에 붙어 있는 수키와의 안쪽 면에 있습니다. 머리카락이나 귀는 그리지 않고 옆모습만 묘사했어요. 살이 올라 볼과 턱이 통통하고 눈썹은 돌출되었고 코가 높고 큽니다. 이마에는 점이 있는데 부처나 보살의 눈썹 사이에 있는 백호(白豪)를 표현한 것으로 여겨져요.

막새만 있는 게 아닙니다. 옛날 상여 나갈 때 앞세웠던 방상씨(方相氏)라는 것이 있어요. 가면을 쓰고 역귀(疫鬼)를 쫓는 사람을 뜻하는 말이 방상씨입니다.

이 방상씨 가면은 보통 눈이 4개인데 위쪽은 이승, 아래쪽은 저승을 바라본다고 하지요. 이 방상씨 가면도 성난 귀면 방상과 웃음짓는 미소 방상 두 가지가 있어요. 저승 가는 길에 악령이 덤벼들지 못하게끔 웃음으로 달래어 보내기 위함이 아닐까요? 험상궂은 얼굴로 사귀(邪鬼)를 내쫓느니보다 웃음과 미소로 다독여 해코지를 피하려는 한국적인 인간주의의 발상과 관련이 있을지 모릅니다. 임금의 무덤이나 왕족 무덤에서 발견되는 사람 얼굴을 한 토용(土俑) 인형에 미소 짓는 모습을 찾아볼 수 있는 것도 같은 이치라고 생각합니다.

1986년 7월에 발굴된 경주 용강고분에서는 수염 난 미소 토용이 나왔어요. 오랜 세월 동안 무시무시한 악령들이 무덤 속 미소 때문에 간장을 녹

경주 수막새

이고 돌아섰음을 상상하니 괜히 기분이 좋아집니다.

경기도 이천 해강도자미술관에 고려인의 얼굴이 담긴 청자 사금파리가 있습니다. 가로 6.2cm 세로 5.8cm 크기에 얼굴이 나옵니다. 오른손이 잘려 나갔지만 얼굴은 또렷합니다. 이 청자 사금파리 인물상은 춤을 추는 동작이 그려진 듯합니다. 고개를 뒤로 젖힌 얼굴상은 얼핏 보아 웃는 상입니다. 점을 찍어 눈을 그리고 금 하나를 그어 입을 그렸지만 분명 웃는 얼굴입니다. 인물상 무늬가 그려진 청자는 흔치 않아요. 재빠른 붓놀림으로 웃는 얼굴을 그린 사기막(沙器幕) 화공(畫工)의 재주가 인상적입니다.

〈이승영기〉, 신윤복 그림

혜원(蕙園) 신윤복(申潤福·1758~?)의 해학적 그림 중에 조선시대 여인의 봄 미소를 발견할 수 있는 그림이 있어요. 〈이승영기〉(尼僧迎妓)에는 연두색에 흰 끝동을 단 장옷을 쓴 여인이 스님을 보고 웃고 있지요.. 저 웃음이 해맑아 보이는 것은 저만 그런가요?

시중드는 여인을 거느리고 가다가 만난 앳되고 복스런 스님도 얼굴이 밝아 보입니다. 함께 눈웃음을 주고받았다고 해야겠지요. 속세를 멀리해야 하는 스님조차 말이죠. 봄바람이 불어서 일까요? 고개를 숙이며 합장하는 스님이 마치 봄의 계절을 향해 인사하는 듯합니다.

만물을 소생케 하는 봄은 그래서 사계절 가운데 가장 위대한가 봅니다. 연두색 실버들에 새순이 올라온 모습도 봄을 상징하는 듯합니다. 여인의 연두색 장옷과 조화를 이룹니다.

한국인의 얼굴 – 탈의 미소

고개를 숙이면 화낸 듯하고 고개를 쳐들면 활짝 웃는 듯한 탈이 있습니다. 경북 안동의 하회마을과 그 이웃인 병산마을에서 전해 내려오는 하회탈과 병산탈의 얼굴이야말로 한국인을 상징하는 미소입니다. 모두 국보 121호로 지정되어 있지요.

해학, 분노 등 갖가지 모습으로 변할 수 있는 탈은 양반사회에서 서럽게 살던 서민들의 속마음을 나타내는 문화적 표정이기도 했어요. 한(恨)도 욕도 뽐냄도 버팀도 모두 탈을 쓰면 숨겨졌던 겁니다. 탈은 웃지만 탈 안에서는 실컷 화낼 수 있는 것이 억눌려만 오던 민중들에겐 얼마나 통쾌한 일이었을까요?

과거 양반탈을 쓴 광대는 양반집 사랑에 들어가 양반들과 맞담배질을 하고 때로 호령도 했나 봐요. 예절을 따지던 서슬 퍼런 양반들도 탈 쓴 광대 앞에선 너그러웠다고 하죠.

안동 하회탈은 여러 종류가 있어요. 처녀의 수줍음을 나타내는 각시탈, 입을 벌리고 교활한 웃음을 짓는 중(僧)탈, 허풍 떠는 위인의 표정인 양반탈, 눈을 둥글게 뜨고 거만한 표정의 선비탈, 코끝과 입이 왼쪽으로 약간 올라간 초랭이탈, 곱게 다듬어진 얼굴에 살짝 미소를 짓는 부네탈(기생탈), 움직이는 턱이 힘센 느낌을 주는 백정탈, 입가에 가늘게 주름이 새겨진 할미탈, "비틀비틀 이매걸음"이란 대사처럼 어딘가 부실한 듯한 웃음의 이매탈 등이 있어요. 모두 11가지 종류가 전해진다고 합니다.

병산탈은 양반탈과 선비탈 두 가지 종류가 있어요. 양반탈은 웃어서 그런지 눈이 작은 것이 특징입니다. 눈썹 언저리 위 이마 쪽이 달무리처럼 둥근 선을 이루어 지혜로운 웃음 같은 섬세한 느낌을 줍니다.

선비탈은 양반탈보다 눈이 크고 매끈하게 생겼습니다. 상대방의 눈을 빤히 쳐다보고 웃는 모습이랄까요? 탈에 칼집을 많이 내지 않아 시원시원한 느낌이랄까요? 하회탈에 비해 간결한 느낌이 듭니다.

대개 한국의 가면은 바가지나 종이로 만든 것이 대부분이지만 하회탈, 병산탈만은 나무로 만들었다고 하지요. 그러니까 바가지, 종이로 만든 것은 연희가 끝나면 버리거나 태워버렸지만 목조탈인 하회탈 등은 전승해 내려와 나름의 격조와 세련됨을 갖추게 됐다는 겁니다.

경남 고성의 탈박물관에 가면 고성오광대가 쓰던 탈이 있습니다. 여러 가면 중에 제밀주(혹은 지밀주) 탈이 있어요. 원뜻은 인천 제물포집[대]인데 제밀집, 제밀지, 지밀지로 불려졌다고 해요. 제물포댁 탈에 담긴 웃음은 사대부집 여인의 웃음과 다릅니다. 큰집이 아닌 작은집 여성의 살살 접어린 웃음이랄까요? 까만 눈썹, 빨간 입술연지에는 웃음의 여운이 어슴프레

여러 얼굴을 한 하회탈 ⓒJordi Sanchez

하게 담겨 있어요. 늙은 영감의 마음을 녹아내리게 만든, 점잖은 큰집(본부인)의 남몰래 숨은 눈물을 자아내게 했을 그 웃음 말이지요.

하회탈과 병산탈, 오광대탈에서 우리 민족의 얼굴, 우리 민중의 희로애락을 봅니다.

\#   한국인의 얼굴 – 장승의 미소

사(邪)를 쫓고 복(福)을 부르던 마을의 수호신인 장승에서도 한국인의 얼굴을 찾을 수 있어요. 물론 장승의 모습은 제각각이지요. 어떤 장승은 권위와 위엄을 지닌 것도 있지만 어떤 장승은 잔잔한 미소를 머금고 있지요. 때로 불거져 나온 왕방울 같은 눈은 평강공주 마음을 훔친 바보 온달 눈망울처럼 순수해 보이지요. 치켜 올라간 눈꼬리는 웃음을 터뜨릴 듯 보이고, 귀밑까지 이어진 입술이 사뭇 위협적이지만 두루뭉술한 콧날이 위엄을 반감시키죠. 위에서 아랫입술 위로 삐져나온 송곳니는 해학적인 형상이 두드러진 장승도 있어요.

장승의 얼굴을 가만히 보면 그게 우리 할아버지, 할머니 얼굴일지 몰라요. 민속 신앙의 숨은 얼굴이라고 할 수 있지요. 화가 난 듯하지만 익살스럽게 보입니다. 오랫동안 보고 있노라면 아무리 우락부락한 모습도 따스하고 친근한 느낌을 주죠.

현존하는 장승 가운데 가장 오래된 것은 전북 부안군 서외리 서문안 돌장승으로 조선조 숙종 15년(1689)에 세운 것이라고 합니다. 또 문헌상 장승이란 말이 처음 나온 것은 서기 759년, 신라 통일 90년 후의 일로 신라 경덕왕 18년에 전남 장흥의 보림사 경내에 보조선사 영탑비에 장승표주(長柱標柱)를 세웠다는 기록이 남아 있습니다. 장승은 장생(長生), 장승(長承) 혹은 장승(將丞)으로도 불리어왔습니다. 《삼국유사》에 '청도 운문선원에 장생표탑(長生標塔)이 열하나를 헤아린다'는 기록도 있습니다.

고려의 문헌에 기록된 장생표, 장생표탑, 국(國)장생, 황(皇)장생 등은 돌기둥으로 훗날의 돌장승이 되었을 가능성이 높습니다.

장승 중에서 돌장승을 벅수라고 부릅니다. 제주도에서는 돌하루방, 우석목(偶石木)이라고 합니다. 돌장승은 토속신앙의 대상으로 귀신을 물리친다는 벽사(辟邪)의 기능과 함께 마을 간 경계표 구실도 했다고 하지요.

나무 장승이 비바람에 10년도 못 버티지만, 돌장승은 수백 년을 견디지요.

전남 보성군 득량면 해평리에 가면 길가에 두 개의 돌장승이 마주보고 있어요. 여상은 상원주장군(上元周將軍)이고, 길 맞은편 낮은 곳에 있는 것이 남상인 하원당장군(下元唐將軍)입니다. 원래는 사찰(개흥사) 입구에 있던 것을 옮겨온 것이라고 합니다.

할아버지는 어딘지 모르게 심통이 났고 할머니는 무심히 외면하려는 듯 꺼벙하게 먼 산만 바라보고 있어요. 코는 주먹코, 콧구멍까지 선명하게 그려 넣었어요. 그런데 자세히 보면 금방이라도 웃음이 튀어나올 것만 같아요. 억지로 참고 있는 듯합니다. 이 돌장승을 보면 재미있는 민담이 소록소록 생각납니다.

전북 순창군 순창읍 남계리에 연지 곤지 바른 돌장승이 유명합니다. 유래는 알 수 없으나 원래는 개울가에 있던 데서 옮겼다고 하는데 다른 장승과 달리 여인의 모습과 닮아 예쁘다고 할까요? 장난스럽다고 할까요? 귀엽다고 할까요? 친근하게 보입니다. 혀를 날름 내밀었다는 것에서 다른 돌장승과 구별됩니다.

부안군 서외리 서문안 돌장승

순창군 순창읍 남계리 돌장승

또 돌장승의 양쪽 볼을 연지로 본다면 이마는 곤지가 되겠지요. 곤지가 아니라 백호로 볼 수도 있어요. 민속학자들은 이 돌장승이 미륵신앙의 요소를 발견할 수 있다고 합니다. 미륵은 사람의 얼굴을 한 보살이지만, 다음 세상에 부처로 나타날 것이라 믿는 미래의 부처상을 말하죠. 이 돌장승을 오래 보고 있자니 연지 곤지 바른 새색시가 떠오릅니다.

충북 청주시 용정동에 있는 돌장승은 웃는 얼굴상입니다. 충북 유형문화재 제150호입니다. 이마에 돋을새김한 백호가 있어서 불상의 모습 같기도 합니다. 사람에 따라 부처라고 보는 사람, 장승이라고 보는 사람, 제각각이지만 아무렇게나 봐도 시비할 사람은 없습니다. 다만 이 마을 사람들은 오래전부터 선돌멩이, 돌장성(장승)이라고 불렀답니다.

키가 무려 3m가 넘습니다. 얼굴 길이는 70cm나 되죠. 뭉툭한 코와 위로 올라간 입꼬리가 장난꾸러기 같은 얼굴입니다. 눈썹이 긴지, 눈이 긴지 모르나 웃어서 눈이 실선으로 그린 것 같아요. 눈두덩이가 굵어서 웃는 표정을 더 살려줍니다. 청주 사람들은 "이 돌장승이 착한 마음을 가졌거나 호락호락하지 않고 고집스러운 청주사람을 닮았다"고 말합니다.

전남 무안군 몽탄면 달산리에 돌장승이 있습니다. 법천사라는 절 입구에 세워져 있는데 그 모습이 친근합니다. 무시무시한 장군의 얼굴이 아니라 친근한 동네 아저씨, 더 정확히는 원숭이 얼굴을 하고 있습니다. 입을 한 번 보세요. 바나나처럼 휘어져 미소를 짓는 얼굴 같아요.

이 돌장승은 절 입구에 세워져 재액과 잡귀를 막는 수문장 역할을 해왔는데 그 외에도 동네 부인들이 아들을 얻으려고 장승 앞에 고사를 지내고 코를 떼어다 갈아서 물에 타 마셨다는 이야기가 전해옵니다. 한 여인이 자신의 배를 장승의 배에다 맞추어서 튼튼한 아들을 낳기를 바랐다는 전설도 마을에 전해져 오고 있습니다. 그러고 보니 이 돌장승을 자세히 보면 콧날이 망가진 흔적이 보입니다. 돌가루를 마시던 여인의 간절함이 느껴지는데, 장승의 웃는 얼굴이 여인의 마음을 이해하는 듯도 싶습니다.

사람 얼굴 장승은 언제부터일까

단순한 나무 장대나 돌기둥, 돌무더기였던 장승에 눈을 부라리는 무섭고도 해학적인 인면(人面)이 새겨지기 시작한 연대는 확실치 않습니다. 조선조 성종 때 선비들의 글에 인면 장승을 연상할 수 있는 대목이 더러 나옵니다. 16세기 후반에 이수광이 펴낸《지봉집》(芝峯集)에 두 장승이 서로 마주 보고 읍을 하고 있다는 한시가 있는 것으로 미뤄, 조선조 전반에 오늘날 같은 인면 조각 장승이 세워진 것으로 추정할 수 있습니다.

그러나 마을 경계에서의 수호기능이나 신통력을 지닌 신귀 기능 측면에서 이 장승의 뿌리를 보다 고대로 소급해 올리면 삼한(三韓) 시대의 솟대로 귀착된다고 민속학자 손진태(孫晋泰 · 1900~?)는 말합니다. 중국 고대문헌인《삼국지》위서 한전에 보면 마한(馬韓)의 여러 나라들에는 솟대[蘇塗]로 불리는 특별한 영역이 있어 그곳에다 큰 나무를 세워 방울이나 북을 걸어놓고 귀신을 모셨는데, 도망자들이 그영역에 들어오면 그 도망자를 밖으로 내쫓을 수 없게 되어 있다고 했습니다. (참조: 이규태,《이내 가슴엔 수심도 많네》, 1992)

한편 주(周) 장군과 당(唐) 장군이라는 이름을 지닌 돌장승들은 옛 중국을 대표하는 주나라와 당나라의 힘센 장수들을 표현한 수호신들로 추정하기도 합니다. 중국 수호신들이 왜 우리 땅에 서 있을까요?

17세기 무렵에 중국에서 유행하던 질병이나 역병이 우리 땅으로 몰려왔나 봐요. 민속 신앙인들은 나쁜 병균을 옮기는 중국 잡귀들이 조선 땅의 토종 장승을 얕잡아 보고 업신여긴다고 생각했습니다. 그래서 막강한 힘을 가졌을 것으로 보이는 중국의 황제나 장수들이 죽어서 귀신으로 변화한 모습(표정)을, 조선 땅을 지키는 수호신으로 세웠다는 겁니다. 다시 말해 우리나라 곳곳에서 볼 수 있는 돌장승이나 벅수의 얼굴이 한국인의 얼굴을 모두 상징하는 것은 아니라는 주장입니다.(참조: 황준구의 블로그 blog.naver.com/9339june)

4부 | 한국 미인의 얼굴

우리나라처럼 미인대회가 많은 나라도 드물 겁니다. 이유는 미에 대한 관심과 기대치가 높기 때문이 아닐까요?

미스코리아선발대회를 비롯해 전국춘향선발대회, 진영단감아가씨선발대회, 영광굴비모델선발대회, 연천율무아가씨선발대회, 영양고추아가씨선발대회, 풍기인삼아가씨선발대회, 김천포도아가씨선발대회, 안동한우홍보사절선발대회(구 안동한우아가씨), 영천포도아가씨선발대회, 경산대추알림이선발대회(구 경산대추아가씨), 전국전통한복미인선발대회, 사선녀전국선발대회 등이 있습니다.

찾지 못한 것이 더 있을지 모릅니다. 각 대회마다 미인의 기준이 다를까요? 그럴 것 같지는 않습니다. 공통적인 미인대회 선발기준을 찾아봤더니 이렇더군요.

흔히 여성미의 핵심을 얼굴로 꼽습니다. 얼굴 형태로 원형, 장(長)형, 각형, 삼각형, 역삼각형, 계란형, 능형 등 7가지 타입이 있는데 계란형이 표준이라고 합니다. 얼굴은 신체와 균형이 잡혀야 보기가 좋습니다. 얼굴을 분석할 때 머리부터 눈썹까지를 상층, 눈썹에서 코끝까지 중층, 코끝에서 턱까지 하층 등 3부로 나눕니다. 여기다 얼굴 가운데를 정중선(正中線)으로 하여 용(用)자와 같이 나누는 삼정법(三停法)으로 보는 것이 효과적입니다. 그래서 각 분획이 같거나 얼굴의 내용이 분획마다 골고루 비치되어 있어야 아름다운 얼굴이라 칭할 수 있습니다.

한국인의 얼굴 – 미인

　　미인대회에서 꼽는 미인의 조건은 훨씬 더 까다롭습니다. 눈과 눈썹, 입, 코를 기준으로 이야기를 계속하면 이렇습니다.

마음의 창이라고 부르는 눈! 눈은 얼굴을 십자(十字)로 나누었을 때 정중선 좌우에 입의 세로 길이 만큼의 간격을 둔 눈이 보기에 좋습니다. 눈의 검은자위는 흰자위 아래나 위로 치우치지 않고 중앙에 꽉찬 것이 좋고 흰자위는 맑을수록 밝은 감을 줍니다.

눈썹의 경우 과거엔 초승달 눈썹이 미녀의 조건이었으나 눈썹이 굵고 진하며 바깥쪽의 눈썹꼬리가 약간 처진 것을 쳐줍니다. 속눈썹은 짧은 것보다 긴 것과 숱이 많은 것이 매력적으로 보이죠. 또한 쌍꺼풀은 심하지 않고 적당한 것이 미학적으로 좋다고 말합니다.

여성의 입은 과히 크지 않은 편이 좋으며 콧날의 너비나 미간 너비만한 것이 적당하다고들 말합니다. 입술은 붉고 일자(一字)로 다물어진 것이 좋고 마르지 않고 윤택한 것이 건강하게 보입니다. 입술이 푸르스름하거나 검은 것은 좋지 못합니다.

코는 콧등이 우뚝 올라선 형, 코끝이 위로 향한 형, 코끝이 뾰족하게 앞으로 나온 형, 이른바 독수리형 등 4종류가 있는데 여성의 코는 콧날이 서 있고 크기도 중 정도이며 콧구멍도 지나치게 크지 않은 것이 좋습니다. 귀는 눈의 높이를 연장한 직선에서 약간 낮게 있는 것이 보기에 좋고 크기는 얼굴 길이의 약 4분의 1 정도가 알맞습니다.

그렇다면 옛 한국 여성이 지닌 아름다움의 기준은 무엇일까요.

그 기준을 신윤복의 〈미인도〉에서 찾는 이가 많습니다. 조선시대 여성의 얼굴에서 전형적인 한국 미인상을 발견할 수 있기 때문이죠. 대체로 눈·코·입이 작고, 눈썹이 짧고 희미하며, 동글납작한 얼굴이 미인이었어요. 또 미인의 결정적인 기준은 눈과 눈썹이었어요. 그만큼 눈에 나타나는 내면의 의미를 중시했던 겁니다.

세부적으로 표현하면 눈썹은 초승달, 코는 마늘쪽, 입술은 앵두 같아야 하고 이마는 반듯하고, 이마와 머리의 경계선은 각이 진 형을 선호했어요. 흥미롭게도 같은 동양권인 과거 중국과 일본에서 미인을 바라보는 기준을 살펴보면 커다란 눈, 두꺼운 쌍꺼풀을 싫어했다고 합니다. 요즘과는 차

〈미인도〉, 신윤복 그림

이가 크죠.

신윤복이 활동하던 시절에는 안동 김씨 세도정치가 시작되면서 민심이 흉흉하던 시절이었습니다. 섬세하고 가냘프고 하관이 작은 얼굴을 미인으로 간주한 시대에는 국운이 쇠퇴했음을 알 수 있다고 해요.

대조적으로 조선 건국 초기에는 얼굴이 넓적하고 볼이 두툼한 여성을 미

139

인으로 간주했다고 하지요. 흔히 이런 여성을 '부잣집 맏며느리감'이라고 부릅니다. 얼굴보다는 모성애 같은 심성을 미의 기준으로 삼았던 것이죠. 사회 전반적으로 크고 강한 턱의 남성적인 얼굴이 미인으로 인식된다는 것은 그만큼 진취적이고 적극적이며 강한 요소를 긍정적으로 본다는 뜻이 되겠죠.

고구려 수산리 고분벽화엔 여자 주인공과 시녀가 등장하는데, 시녀가 여주인공보다 얼굴이 작고 더 여성스럽습니다. 고구려는 진취적인 사회였기에 남성미를 선호했고, 따라서 중요한 주인공 여성의 얼굴을 남성적이고 어른스럽게 묘사했을 것으로 추정할 수 있어요.

고려시대에는 〈미인도〉가 없지만 불교의 탱화를 통해 유추할 수 있어요. 초기 탱화에는 큰 턱의 여성이 등장했다면 말기에는 턱이 매우 작아졌다고 합니다. 턱 크기의 변화에 따라 미인을 바라보는 시각의 변화를 알 수 있어요.

조선시대 미인의 기준을 채용신(蔡龍臣 · 1850~1941)의 〈팔도미인도〉(八道美人宮之像)라는 병풍을 통해 확인할 수 있습니다.

〈고창관기 명옥〉(考㝈官妓 明玉), 〈영암미인〉(靈巖美人), 〈평양기생 계월향〉(平壤妓生 桂月香)은 북방계형 얼굴에 가까운데 계란형 두상에 눈두덩이 넓고, 코허리가 높아 보입니다. 북방계형은 대체로 피부색이 흰데 달빛을 상징하는 '계월'이란 이름도 피부색에서 유례한 것으로 보입니다. 눈과 입은 작고 이마가 넓은 〈강릉미인 일선〉(江陵美人 一善)도 전체적으로 북방계형에 가깝습니다.

〈진주미인 관기 산홍〉(晉州美人 官妓 山紅), 〈장성관기 지선〉(長城官妓 芝仙)은 두상이 남방계형 특징을, 〈청주미인 매창〉(淸州美人 梅窓)은 남방계와 북방계형의 혼합형에 가깝습니다. 눈썹이 길고 미간이 넓으며 코끝이 작아요. 〈한성관기 홍랑〉(漢城官妓 鴻娘) 역시 남방계 인자와 북방계 인자가 적절히 혼합된 중부지방 사람의 얼굴형이랄 수 있습니다.[11]

그런데 8명의 팔도 미인은 저마다 외모가 출중하지만 모두 의로운 행적을 남긴 이들입니다. 외모도 외모지만 내면, 즉 의로움이 강조되는 얼굴입니다. 아름다움이란 눈으로 봐서 일단 평균치에 가까워야 하지만 내면의 인물됨에 대한 평가도 외모에 못지않게 중요시했던 거지요. 가령 아리따운 어떤 여성이 명문가의 잘 교육받은 규수라면 갑자기 더 예뻐 보이는 식입니다.

이런 일도 있었어요. 1980년대에 전북 장수군 의암사(義巖祠)에 봉안돼 있는 논개(論介) 초상화와 남원 광한루 춘향사당에 봉안된 춘향(春香)의 초상화 얼굴이 서로 닮아 논란이 된 적이 있어요.

충성과 정절의 표상인 의기 논개와 열녀 춘향의 초상화는 이당(以堂) 김은

11　"민복기 박사의 미스코리아 이야기: 팔도 미인을 한 자리에, 지역마다 '미인형'이 달랐다"《대구한국일보》, 2023. 7. 10.) 참고

호(金殷鎬 · 1892~1979) 화백이 1956년과 1961년도에 각각 의암사와 춘향사당에 기증한 것이었어요. 이 두 초상화는 옷의 색깔과 양손의 위치만 각각 달리 표현됐을 뿐 전체 얼굴 윤곽과 몸매 등이 쌍둥이처럼 닮았었다고 하지요. 왜 이런 일이 벌어졌을까요? 이당 선생에게 사연을 물어야겠지만, 추정컨대 논개나 춘향 두 여인의 의로움이나 기개를 강조하다 보니 서로 엇비슷하게 그리지 않았을까요?

한국전쟁을 거치고 산업화 이후 매스미디어를 통해 서구 문명이 물밀듯이 밀려오면서 미인에 대한 가치관도 바뀌게 됩니다. 한국에 들어온 서양인들을 긍정적으로 평가하게 되면서 미를 바라보는 가치관도 변하게 된 것이죠. 서양인을 우호적으로 바라보는 미의식이 작동한 것이라 할 수 있어요. 그래서 한국인 중에서도 서양인을 닮은 얼굴, 윤곽이 뚜렷하고 이목구비가 분명한 사람을 미인이라 인식하는 현상이 생긴 거예요. 신윤복의 〈미인도〉에서 볼 수 있는 가는 눈썹, 고운 코, 작은 입술, 예쁜 귀의 전통 여인의 미인상과는 완전히 다른 것이죠.

왜 이런 일이 벌어질까요. 흔히 인간은 냉철한 이성을 통해 가치를 판단합니다. 아름다움은 이성보다 감성이 강하게 작용하는데, 아름다움을 인식하는 감성 영역에 가치 개념이 개입하면서 미와 미인을 바라보는 관념에 변화가 일어나는 겁니다.

남남북녀라는 말이 있습니다. 북쪽에 미인이 많다는 뜻인데, 1990년대 이후 북한의 평양과 개성을 방문했던 이들의 이야기를 들어보면 남한 여성에 비해 북한 여성의 미모가 처진 듯하다고 말합니다.

햇빛을 보며 일하는 근로여성이 많아서인지 모르나 피부나 헤어스타일이 엇비슷하고 의상도 세련되지 못하며 화장술의 부족, 왜소한 체격, 굵고 짧은 다리 등을 지적합니다. 남한 여성이 지닌 늘씬한 키, 쌍꺼풀 눈, 갸름한 얼굴과는 대조적이란 겁니다.

그러나 북한 미녀 응원단을 통해 북한 미인들을 가늠할 수 있었습니다. 북한은 지난 2002년 부산 아시아경기 때, 2003년 대구 유니버시아드와 2005년 인천 아시아육상선수권대회, 2018년 평창 동계 올림픽 당시 응원단을 파견했지요.

대구경북피부과의사회 회장인 민복기 박사의 연구에 따르면 지금의 북한 미녀 응원단은 전통적인 한국인의 얼굴이 아직 남아 있어서 최근 20~30년 만에 급격히 변하여 낯설게 된 남한 여자들의 얼굴에 비해 전통적인 얼굴에 대한 향수를 일깨웠다고 지적합니다. 즉 북한 사람들은 우리보다 얼굴이 덜 변화했는데 북한 응원단이 왔을 때 한국 남자들이 열광했던 까닭도, 북한 미녀들이 얼굴이 납작하고 이목구비가 작아도 우리의 체질적인 미인관에 더 가까웠기 때문이었다는 겁니다.[12]

---

12 "민복기 박사의 미스코리아 이야기: 대구가 '미인의 도시'로 급부상한 뜻밖의 이유"《대구한국일보》, 2023.8.30.) 참고

한국인은 점점 커지고 있고 키에서 하체가 차지하는 비중이 높아지고 있다고 합니다. 반면, 키에 비해 머리는 작아지고 있어요. 그러니 미의 기준, 미인을 바라보는 기준도 달라지고 있습니다. 산업통상자원부 국가기술표준원이 2022년 3월 30일 발표한 '제8차 한국인 인체치수조사'에 이같은 정보가 담겨 있었습니다.

한국인 인체치수조사는 1979년 첫 조사 이후 약 5년 주기로 진행하는데 제8차 조사는 20~69세 한국인 6839명을 총 430개 항목에 걸쳐 조사했다고 해요.

조사 결과를 보면 한국인의 평균 키는 남성 172.5cm, 여성 159.6cm였습니다. 1979년 1차 조사(1979년) 결과와 비교하면 남성은 6.4cm, 여성은 5.3cm가 커졌음을 알 수 있습니다. 7차 조사(2015년)와 비교해도 남성은 0.5cm, 여성은 1.3cm가 커졌어요. 여성의 성장속도가 더 빠른 편입니다.

반면 얼굴 수직길이 대비 키의 비율을 나타내는 두신지수(頭身指數)의 경우 남성은 1979년 6.72~6.84 등신에서 2021년 7.23~7.41 등신으로 0.54~0.66 높아졌습니다. 여성은 1979년 6.60~6.68 등신에서 2021년 7.06~7.27 등신으로 0.54~0.59 높아졌습니다. 놀랍게도 남녀 모두 키에 비해 얼굴 크기가 작아졌다고 합니다.

한국복식사 사료로부터 추정한 우리 민족의 등신지수는 고구려시대의 경우 남자는 5.9등신, 여자는 5.8등신, 조선시대의 경우 남자는 6.4등신, 여자는 6.3등신으로 고구려·조선시대를 거쳐 오늘에 이르기까지 우리 민족의 등신비율은 점차적으로 증가하고 있음을 알 수 있어요. 이제 서구 미녀의 상징인 얼굴 작은 8등신 여성들을 거리에서 흔하게 볼 수 있는 날이 도래할지도 모릅니다.

조용진 얼굴연구소장이 《월간조선》 1997년 2월호에 기고한 글과 1999년에 펴낸 책 《얼굴, 한국인의 낯》에 따르면 한국인은 1950~1960년대의 출생자까지 체격과 더불어 얼굴이 전체적으로 커지는 변화를 보였다고 합니다. 그러나 1970년대 출생자부터는 신장을 비롯한 체격의 변화는 크지 않으나 턱이 급격히 작아지는 현상을 보였다는 겁니다. 턱뼈가 작아지면서 광대뼈와 눈 주위 뼈의 돌출도가 낮아지고 그중에 하악지가 특히 짧아지고 있다고 합니다. 그러나 얼굴이 작아진다고 바람직한 것은 절대 아닙니다.

1970년대 출생 한국인의 턱의 용적이 과거에 비해 15% 정도나 줄어들면서 2차적으로 한국어의 발음에 변화가 일어났다고 조용진 소장은 분석합니다. 한국어 발음의 변화 중에 특히 목구멍에서 나는 소리, 어금니에서 나는 소리가 없어지고 있다는 거예요.

한국어의 '좋다'를 발음할 때는 '조'에다 후음 'ㅎ'을 붙여서 소리를 냅니다. 그래서 'ㅎ'이 있는 '좋다'라는 표기가 생긴 것이죠. 이것이 그냥 '조타'로 쉽게 발음하면 의미는 통한다고 해도 후음(喉音)을 발음하는 신경회로를 쓰지 않게 됩니다. 그렇게 되면 결과적으로 후음이 많은 북유럽인보다 뇌를 덜 쓰게 됩니다. 후아음은 뇌의 발달에 중요한데 훗날 문화의 폭이

제한될지도 모를 일이라고 조 소장은 걱정합니다. 그는 "후음은 원시적인 발음이다. 그러나 그렇기 때문에 언어음의 기본이다. 기본을 잃으면 응용에 계통이 서지 않게 된다"고 우려합니다.

한국인의 얼굴 – 문헌에 등장하는 미인들

　　　　한국 역사에서 가장 아름다운 미인은 누굴까요?
서양은 클레오파트라, 동양은 양귀비, 삼국지의 초선 등이 떠오르지만 한국은 누구 얼굴이 떠오릅니까.
혹시나 황진이(黃眞伊)가 아닐까요? 많은 기록《송도기이》(松都記異)《이순록》(二旬錄)《연려실기술》(燃藜室記述)《호당문집》(湖堂文集)에서 황진이의 아름다움을 절세가인이라 말합니다. 그러나 카메라가 없던 시절이니 황진이 얼굴이 어떻게 생겼는지 전해 내려오진 않습니다.
문헌에 등장하는 가장 아름다운 미인으로 '수로부인'(水路夫人)을 꼽습니다. 얼마나 절색이었는지는 알 수 없으나 빼어난 미모 때문에 고통을 받은 기록이 전합니다. 깊은 산이나 못을 지날 때면 번번이 붙들려가곤 했대요. 바닷가에 가면 용이 나타나 잡아가고, 산에 가면 산신이 나타났습니다. 얼마나 예뻤으면 신물(神物)까지 가만히 있지 못했을까 하는 생각이 납니다.

수로부인이 남편과 함께 강릉엘 가다가 임해정(臨海亭)에 이르러 쉬고 있을 때 갑자기 용왕이 나타나 수로부인을 납치해 갑니다. 남편은 한 노인의 말을 듣고 사람들을 동원해 이런 노래를 불렀지요. 이 노래의 제목은 〈해가〉(海歌)입니다.

> 거북아 거북아 수로노인을 돌려보내라.
> 부녀를 약탈한 죄가 얼마나 큰지 알고 있느냐.
> 네가 만일 거절하여 내다 바치지 않으면
> 그물로 너를 잡아서 삶아 먹으리라.

삼국시대 당시 등장한 미인으로 도미, 낙랑공주와 평강공주, 선덕여왕, 선화공주 등이 있습니다. 역사나 실제 얼굴은 전하지 않습니다만 미모와 지성을 겸비했으리라 추측할 수 있어요.
《삼국사기》에 도미(都彌) 설화가 나오는데, 도미는 평범한 백성이지만 그의 아내는 미려(美麗)하고 절의(節義)가 있어서 이웃 사람들의 칭송을 받았다고 합니다.
한번은 백제 개로왕이 도미의 아내를 말로 꾀었다고 하지요.

"나는 도미와 내기를 하여 이겼다. 그러니 내일부터 궁녀가 되어 나를 받들어라."

도미의 아내는 자기 대신에 몸종을 보내어 왕을 모시게 했는데, 이 사실을 안 개로왕이 화가 나 도미의 눈알을 뺐다고 합니다.

이후 도미와 그 아내는 풀뿌리를 캐어 먹으면서 숨어 살았다고 전합니다.

낙랑왕 최리의 딸인 낙랑공주(樂浪公主)는 고구려 제3대 대무신왕의 아들 호동왕자와 사랑하는 사이였어요. 호동왕자(好童王子)가 낙랑공주를 보고 한눈에 반한 것은 그만큼 미인이었기 때문이 아닐까요?

당시 낙랑에는 스스로 소리를 내어 적의 침입을 알리는 자명고와 뿔나팔이 있었어요. 호동왕자가 낙랑공주에게 자명고를 찢어달라고 했는데, 사랑에 눈이 먼 낙랑공주는 고구려 군대가 낙랑을 치자 북을 찢었다고 하지요. 뒤에 이 사실을 안 아버지가 낙랑공주를 죽였다고 합니다. 여기서 고구려 대무신왕이 낙랑을 공략하기 위해 계획적으로 호동왕자와 낙랑공주를 결혼시킨 다음 그녀를 친정인 낙랑으로 돌려보내어 자명고를 찢게 했다는 설도 흥미롭습니다.

고구려 제25대 평원왕의 딸인 평강공주(平岡公主) 설화도 있어요. 공주가 신분을 알 수 없는 바보 온달과 결혼했으니 온달 옆에만 있어도 공주의 아름다움이 도드라져 보이지 않았겠어요?

그런 공주가 온달과 결혼해 궁궐에서 쫓겨났다고 하지요. 그후 온달에게 글과 무예를 가르쳐 고구려 최고의 장수가 되었다고 합니다.

그러다 영양왕 무렵 온달이 신라와 싸우다 전사했어요. 부하 장수들이 그의 시신을 옮기려 했지만 꿈쩍도 하지 않았다고 합니다. 그때 평강공주가 나타나 "죽고 사는 것이 이미 결정되었으니 돌아갑시다"고 하자 그제야 시신이 움직였다고 해요. 평강공주가 온달의 혼령까지 움직일 정도니 사랑의 깊이를 짐작하고도 남습니다.

TV 드라마를 통해 알려진 미실(美室)은 신라시대 여인입니다. 필사본《화랑세기》(花郎世記)에 따르면, 미실은 뛰어난 미모와 학식을 지녔다고 합니다. 그런데 순결한 여인과는 거리가 멀었어요. 여러 남자들과 정을 통하여 권세를 유지하며 신라를 좌지우지했다고 알려집니다. 어머니는 제1세 풍월주 위화랑의 손녀이자 법흥왕의 후궁이었다고 하지요.

신라 제26대 진평왕의 셋째 공주인 선화공주(善花公主)는 서동설화의 주인공으로 널리 알려져 있습니다. 또 〈서동요〉가 지금까지 전해져 오고 있지요.

선화공주님은(善花公主主隱) 남몰래 사귀어 두고(他密只嫁良置古) 서동방을(薯童房乙) 밤에 뭘 안고 가다(夜矣夗[卯]乙抱遣去如).

이 노래는 백제 무왕이 소년 시절에 '서동'으로 신라 서울인 서라벌에 들어가 선화공주를 얻으려고 지어 부르게 되었다고 합니다. 선화공주의 용모가 매우 아름다웠기 때문이지요. '서동'은 서여(薯蕷 · 마)를 비롯한 산약과 산나물을 캐어 생활을 이어가던 소년의 무리를 지칭하는 보통명사입니다.

이 노래가 신라 대궐로 퍼지자 진평왕은 선화공주의 행실이 부정하다며 귀양을 보냈는데, 귀양 가는 길목에 서동이 기다리고 있다가 함께 백제로 건너갔다고 합니다. 그러나 몇몇 역사가들의 의견에 따르면, 당시 신라와 백제가 서로 다툴 때여서 러브 스토리가 실제 존재했을 가능성은 희박하다고 해요.

신라 제27대 왕인 선덕여왕(善德女王 · ?~647)은 신라 최초의 여왕이었어요. 신라의 상징인 첨성대와 황룡사 9층탑을 건립한 여걸이었습니다. 무엇보다 삼국통일의 기틀을 다진 여왕으로 평가받습니다.

선덕여왕과 관련된 아름다운 사랑이야기는 《삼국사기》나 《삼국유사》에는 전해지지 않고 조선시대 권문해(權文海)가 쓴 《대동운부군옥》(大東韻府群玉)에 전해지고 있습니다.

영묘사(靈廟寺)라는 절에서 건축을 담당했던 지귀(志鬼)라는 젊은 예술가가 있었습니다. 그런데 선덕여왕을 보고 한눈에 반하고 말았습니다. 잠도 못 자고 밥도 못 먹고 오로지 여왕 이름만 불렀다고 하지요. 심지어 미치광이가 되었습니다. 도대체 얼마나 사랑하면 사람을 미치게 만들까요? 사람을 미치게 만드는 '미'가 존재한다는 사실이 그저 놀라울 뿐입니다.

"아름다운 선덕여왕이여, 나의 사랑하는 선덕여왕이여!"라고 외치다 병을 얻어 사경을 헤맸다고 하지요. 선덕여왕이 우연히 영묘사를 찾았을 때 스님으로부터 지귀의 상사병 이야기를 듣게 됩니다. 여왕은 자신이 차고 있던 팔찌를 벗어 지귀에게 주었다고 하지요.

팔찌 하나에 상사병이 나았을까요? 더 사람을 간절하게 만들지 않았을까요? 안타깝게도 이후 이야기는 전해지지 않았답니다.

조선시대 황진이는 너무도 유명해서 차라리 신화에 가까운 인물입니다. 얼굴뿐만 아니라 노래와 거문고에 능한 데다 천재적인 시인이어서 황진이 스스로 송도삼절(松都三絶)이라 불렀지요. 그녀는 이런 유언도 남겼습니다.

> 내가 죽거든 관에 넣지 말고, 동문 밖 물가에 버려 개미와 호리의 밥이 되게 하라.

호리(狐狸)는 여우와 살쾡이를 말합니다. 황진이가 남긴 시는 중고교생 교과서에 실릴 정도로 유명합니다. 지금 읽어도 절창이죠.

> 동짓달 기나긴 밤을 한 허리를 들어내어
> 춘풍 이불 아래 서리 서리 넣었다가
> 어둔 밤 오신 날 밤이어든 구비구비 펴리라.

긴 밤의 허리를 잘라 춘풍 이불 아래 넣는다는 시간의 공간화, 님 오신 밤에 있겠다는 사랑의 은유, '서리서리' 넣었다가 '구비구비' 펴는 정(情)과

한(恨)이 범벅되어 넘치는 어휘는 황진이가 탁월한 시인이었음을 알게 합니다. 다음은 《송도기이》(松都記異)에 나오는 한 대목입니다.

진이는 비록 창류라 할지라도 성품이 고결하고 허식을 싫어해 관부주석(官府酒席)에는 화장하거나 옷을 꾸며 입는 일이 없었다. 방탕한 사내나 시정천예를 좋아하지 않아 천금을 주어도 돌아보지 않았다. 유사(儒士)와 더불어 놀고, 글을 좋아하여, 당시(唐詩)를 읊고 일찍이 화담 선생을 흠모하여 그 문하에 나아가 더불어 담소했다.

\#   고전문학이 이야기하는 미의 기준

        역사적 미인을 둘러싸고 여러 이야기가 재미있지만 명확한 미의 기준을 알기 어려워요. 그렇다면 고문헌에 등장하는 아름다움의 기준은 무엇인지 궁금합니다.
고전소설 《이춘풍전》, 《장화홍련전》, 《숙영낭자전》, 김만중의 한문소설 《구운몽》을 살펴보았습니다.

얼굴과 태도는 청천명월 같고 모란화가 아침이슬에 반쯤 핀 형상이요, 그 절묘한 맵시는 해당화가 그늘 속의 그림이요, 월궁의 항아로다. 하늘에 새긴 태도는 앵도화가 무르녹고 아미산반륜월(娥眉山半輪月)이 맑은 강에 비침과 같고 양귀비 다시 온 듯….

-《이춘풍전》(연도, 작가 미상)

용모와 기질이 옥으로 새긴 듯 꽃으로 모은 듯, 짝이 없게 아름다워 그 연꽃과 같았다. 그들은 이것을 기이하게 여겨 '꽃이 화하여 여아가 되었다'고 하며 이름을 다시 장화·홍련이라 적고 장중보옥같이 길렀다. (…)
용모와 기질이 옥으로 새긴 듯, 꽃으로 모은 듯, 짝이 없이 아름다워 연꽃과 같은지라, 아름다운 태도는 한 쌍의 명주요, 두 낱의 박옥미라.

-《장화홍련전》(연도, 작가 미상)

낭자의 얼굴은 틀림없이 화상의 얼굴이었다. 얼굴은 구름 속의 보름달과 같이 희고 고왔으며, 그 태도는 아침 이슬을 머금은 한 떨기 모란꽃과도 같았다. 두 눈에 머금은 추파는 맑은 물과 같고, 가는 허리는 봄바람에 나부끼는 버들가지 같았으며, 붉은 입술은 마치 앵무단사(鸚鵡丹沙)를 물고 있는 듯하여, 그 아리따운 모습이란 가히 독보적인 절세가인이라고 할 만하였다.

-《숙영낭자전》(연도, 작가 미상)

구름 같은 머리털이 귀밑에 드리웠고 옥비녀는 반쯤 기울어졌는데 봄잠 부족한 듯한 모습이 천연히 수려하여 말로 표현하기 어렵고 그림을 그려도 이와 비슷하지 못할러라.

아침 해가 붉은 노을을 헤치며 솟아오르고 연꽃이 푸른 물에 비친 것 같아. 구름 같은 머리털을 위로 올려 금비녀를 꽂았고 소매 좁은 전포(戰袍)에 석죽화를 수놓았고, 발에는 봉의 머리처럼 수놓은 신을 신었고, 허리에는 용천검을 찼더라. 천연한 절대 미색이 마치 한 송이 해당화 같으니….

– 《구운몽》(김만중, 1687)

고전소설에 등장하는 미인 용모를 중심으로 미인의 기준을 종합하면 이렇습니다. 일단 얼굴이 보름달 같아야 하고 아침 해가 붉은 노을을 헤치며 솟아오르듯 붉어야 했습니다. 구체적으로 옥으로 새긴 듯, 짝 잃은 연꽃, 혹은 명주나 박옥 같은 모습이어야 미인에 포함될 수 있었어요. 대개 사실적 묘사가 아니라 두루뭉술한 비유입니다. 아침이슬에 반쯤 핀 모란화, 그늘 속의 해당화 그림, 아미산반륜월(娥眉山半輪月)이 맑은 강에 비침과 같은 모습이었어요. 쉽게 연상이 안 가는 문학적 상상력으로 표현한 미인입니다.

다소 비현실적이기까지 합니다. 미의 기준을 현실에서 찾지 못하는 것도 조선시대가 관념적 이상형을 중시했기 때문이겠지요.

중국문학의 미인상

그런데 중국에서 바라보는 미인의 조건이 궁금해집니다. 한(漢)나라 때 지어진
《시경(詩經)》의 석인(碩人)편에 중국 미인의 조건이 적혀 있는데, 구체적입니다.

살결은 희고 미끈하며 이는 박속 같고 이마는 편편하게 넓어야 하며 눈썹은 아
미(蛾眉)이어야 하고 웃으면 입 가장자리에 애교가 고이며 눈매는 차분히 가라앉
아 있어야 한다.

중국 고전인《금병매》(金瓶梅)에 많은 미녀의 조건이 산발적으로 묘사돼 있는데,
이를 현대인의 미의 조건과 적잖이 비교해보면 재미있을 것 같습니다.《금병매》
에서 묘사된 미인은 어떤 유형일까요?

첫째, 눈은 흑대백소(黑大白小)라 했으니 검은 눈동자가 3분의 2, 흰자가 3분의 1이
어야 한다는 현대의 미의 조건과 부합되고 있습니다.
둘째, 입술은 상연하중(上軟下重), 즉 아랫입술이 두툼하고 윗입술을 얇게 얹혀야
합니다.
셋째, 난안장발(卵顏長髮), 즉 긴 머리가 얼굴을 계란꼴로 감싸야 합니다. 계란형 얼
굴은 북방계 머리형의 특징이기도 해요.
넷째, 견둔반구(肩臀半球), 즉 어깨와 엉덩이는 반구형으로 둥글어야 합니다.
다섯째, 담홍유훈(淡紅乳暈), 즉 젖꼭지와 젖무리는 담홍색이어야 합니다.

여섯째, 백수풍흉(白首豊胸), 즉 흰 목덜미와 풍만한 젖가슴을 지녀야 합니다.

일곱째, 미륵풍협(彌勒豊頰), 즉 볼은 미륵보살의 볼처럼 풍만한 볼이어야 합니다.

여덟째, 세요경신(細腰輕身), 즉 초희(楚姬)같이 가는 허리에다 나는 제비[飛燕] 같이 몸이 가벼워야 하며 전족(纏足)한 발 사이즈는 3치[寸]를 넘지 말아야 합니다.

아홉째, 이목구비가 박힌 자리의 비율이 횡삼종삼(橫三縱三)이어야 한다는 조건도 있습니다. 곧 머리끝―눈썹―코밑―턱끝이 삼등분(三等分)이 돼야 하는 것이 횡삼(橫三)이요, 왼쪽 눈가장자리, 입술 왼쪽 끝, 입술 오른쪽 끝, 오른쪽 눈가장자리가 삼등분돼야 한다는 것이 종삼(縱三)입니다.

　　　한국인의 얼굴 – 또다른 미인의 조건들

그런데 미인의 조건은 얼굴만 절색이어선 안 됩니다. 문장력도 빼어나야 했고, 유머까지 갖춰야 했지요. 조선 전기 함경도 영흥(永興)의 기생인 소춘풍(笑春風) 이야기가 전해져 오는데 소춘풍이 바로 그런 미인입니다.

《악부》(樂府)의 기록에 의하면 하루는 성종(재위 1469~1494)이 소춘풍을 불러 술을 따르게 했더니 소춘풍이 문관인 이조판서 앞으로 가 잔을 올리며 이렇게 노래합니다.

당우(唐虞 - 태평시대)를 어제 본 듯 한당송(漢唐宋)을 오늘 본 듯

통고금(通古今) 달사리(達事理)하는 명철사를 어떻다고

저 설 곳 역력히 모르는 무부(武夫)를 어이 좇으리.

'사리에 밝은 명철한 선비가 어떻다고 자신의 처지를 모르는 무인을 어찌 좇겠느냐'는 말이었죠. 이 시조를 들은 무신들이 내심 불쾌해하자 이번에는 병조판서에게 술잔을 올립니다.

앞 말은 희롱이라 내 말을 허물 마오.

문신 무신 일체인 줄 나도 이미 알고 있사오니

두어라 규규무부(赳赳武夫)를 아니 좇고 어이하리.

소춘풍은 '어찌 씩씩하고 용맹스러운 무사를 따르지 않겠느냐'고 무신을 치켜세우지만 무신들이 여전히 노기를 품자, 소춘풍은 다시 술을 따르며 자신을 작은 나라 등나라에, 문무신은 큰 나라 제나라 초나라에 비유하며 '둘 다 섬기겠노라'고 자조(自嘲)합니다. 얼마나 지혜로우면 내로라하는 문무백관을 대놓고 희롱할 수 있었을까요? 그녀의 재치를 즐긴 성종 임금은 이날 많은 비단과 호피를 상으로 하사했다고 합니다.

지혜롭기는 임금에게 2만 1000여 자의 상소문을 쓴 평양기생 초월(楚月)

157

도 빼놓을 수 없지요.

헌종(재위 1834~1849) 때 창덕궁에서 경국미색의 반달이라는 궁기(宮妓)
가 있었다고 합니다. 헌종은 건양재 동편에 기정(旗亭)을 지어 반달을 살
게 했다지요. 기정은 요즘 말로 비밀 살롱이었다고 합니다.

초월의 용감한 상소문에는 '군왕은 성현의 책을 읽어 선정을 베풀라'며,
'전하의 외도가 심하니 무슨 낯으로 신하를 보겠느냐'는 질책을 담았어
요. 또 매관매직을 폭로하기도 했어요. 한 대목을 소개하면 이렇습니다.

평양기생 윤희는 만고의 요물이라 말이 간악하고 능란해서, 겉과 속이 달라
구미호와 다를 바 없사옵니다. 말쑥한 태깔과 구슬 같은 얼굴, 향기로운 모
습에 살포시 팔자(八字) 눈썹을 찡그린 앵두 같은 입술이 반쯤 벌려 석류 같
이 이를 내보이며 천태만상의 교태로 전하를 사로잡으니 망측스럽기 한량
없사옵니다. 임금의 자리에서 밤늦게까지 술을 마셔 눈이 게슴츠레하고 옷
고름을 매지 못할 만큼 몸을 가누지 못합니다. 임금이 창녀 치맛자락을 잡다
니요? 또한, 그 계집은 신하를 따르던 계집이니, 전하께서는 신하와 동서가
되려고 하십니까?

감사가 감영에 이른 뒤에는 여러 고을에 공문을 띄워 대여곡(貸與穀) 회수령
을 내려 흉년과 풍년을 가리지 않고, 곡가도 헤아리지 않고 저자의 물가가
열 배나 올라도 아랑 곳 없이 다 받아들이고, 심지어는 수십 년 전 아전들의
부정(不正)까지도 다 백성들에게 물려서 거둬들이니 몇만 냥이 되는지 모르

옵니다.

초월이 목숨을 걸고 상소문을 쓴 겁니다. 초월의 상소문에 담긴 미인의 기준은 남성들의 외모 지향적 미인관을 와르르 무너뜨립니다. 그 후 헌종은 건양문 밖에 그 기정을 헐고 낙선재를 지어 후궁 김씨를 살게 했다고 전합니다.

소설가 정비석(鄭飛石 · 1911~1991) 선생에 따르면 우리네 조상들은 나름의 미인을 평가하는 기준이 있었는데 용모보다도 빛깔에 우선점을 두었다고 합니다.
즉 미인이 되려면 삼백(三白), 삼흑(三黑), 삼홍(三紅)의 조건을 모두 갖추어야 한다고 했어요.
'삼백'이란 살결이 희고 눈자위가 희며 치아가 희어야 한다는 뜻입니다.
'삼흑'이란 머리칼이 새까맣고 눈동자가 검으며 눈썹이 까매야 한다는 것이었죠.
'삼홍'이란 뺨이 붉고 입술이 붉으며 손바닥 역시 붉어야 한다고 강조했다. 여기다 '애교'를 십점으로 쳐서 모든 것을 갖추어야만 백점 미인이 된다고 했어요.
그러나 현대 미인에 대한 기준은 대략 3가지 요소를 기준으로 결정합니다.
시각적 익숙함, 그 시대와 사회가 추구하는 가치, 그리고 성적인 매력에 대한 평가입니다. 성적 매력에 대한 인식은 시대에 따라 다른데 조선시대에는 성적 매력의 여성을 천시했다면 요즘은 아름다움과 성적 매력을 거의 동일시하는 경향이 있어요.

조용진 교수와 일본감정심리학회의 다이보 이쿠오(大坊郁夫 · 홋카이도 대학) 교수의 공동연구 〈한국과 일본의 미의식 비교〉(1996)에 따르면, 한국인이 미인을 보는 눈이 더 까다롭다고 해요. 대체로 턱이 좁은 형을 선호하고 성숙미보다 앳된 미를 좋아하며 '나'와 연결고리가 약한 소수의 사람을 미인으로 꼽았다고 합니다.

이처럼 아름다움이란 객관적, 물리적으로 존재하는 게 아니라 우리 인식이 결정합니다. 또 외모를 뒷받침하는 인격, 품성, 교양과 같은 정신적 가치가 성숙해야 진정한 미인으로 완성될 수 있어요.

미인은 시대나 지역에 따라 기준도 제각각으로 변해왔고, 보는 이의 기준에 크게 좌우 된다는 사실을 알게 됩니다. 미인은 미인으로 보는 이의 뇌속에 하나의 이상으로 자리잡고 있을 뿐, 만인이 공감하는 시대를 뛰어넘는 형체로는 존재하지 않습니다. 미색부동면(美色不同面 · 얼굴이 같은 미인은 없다는 뜻)이라는 말도 있지 않은가요? 한마디로 완벽한 미인은 없다고 볼 수 있지 않을까요?

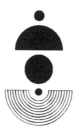

5부 | 아름다워지려는 욕망과 모험 유전자

드디어 우리는 정보화 시대에 도달했습니다. 우리는 이메일, 트위터, 카카오톡 등 많은 디지털 커뮤니케이션 도구를 이용하고 있습니다. 디지털 커뮤니케이션은 사실을 전달하는 훌륭한 수단이지만 감정을 담기는 어렵죠.

그래서 이러한 도구와 함께 발전하는 것이 이모티콘(emoticon)이에요. 이모티콘은 감정을 뜻하는 이모션(emotion)과 그림을 뜻하는 아이콘(icon)의 합성어입니다. 인터넷이 만들어낸 정보화 시대의 디지털 소통에서 감정을 표현하는 도구인 셈이죠. 디지털 소통에 있어 미묘한 감정이나 상태 등을 전달하기 위해 사용됩니다. 정보화 시대에 우리의 얼굴이 이모티콘이에요. 우리는 스스로의 표정을 감춘 채 이모티콘으로 울거나, 웃으며 상대방에게 감정을 전달할 수 있어요. 진짜 내 얼굴이 아니라 이모티콘의 표정으로 얼굴을 대신합니다. 마치 옛날 사람들이 가면을 쓴 것처럼 현대의 우리는 자신이 원하는 가면을 언제든 쓰고 벗을 수 있게 되었어요. 아이콘은 이 시대의 가면인 셈이죠.

화장과 성형은 일종의 가면입니다. 외면을 감추기 위한 것인데 가면을 쓴다고 외면의 근본이 사라지는 게 아닙니다. 게다가 내면이 사라지지도 않지요.

가면과 이모티콘

가면과 이모티콘의 차이점이 있다면 그것은 인식의 현실감입니다. 가면은 누가 보더라도 "아, 저 사람이 가면으로 자신의 진짜 얼굴을 가리고 있구나"라는 것을 알게 해줍니다.

그렇다고 해서 진짜 얼굴이 사라지는 것은 아닙니다. 하지만 이모티콘은 인간의 뇌가 진짜 사람의 얼굴로 인식하게 됩니다. 모바일 메신저에서 스마일 이모티콘을 보내면 타인의 뇌는 내가 정말 웃는 것으로 생각하고 인식하는 식이죠.

앞서 우리는 한국인의 특성 중 무표정함에 대해 이야기한 바 있지요. 표정은 꾸밀 수 있지만 안색은 꾸밀 수 없어요. 서양 사람들은 표정은 보지만 안색은 보지 못해요. 표정이라는 말과 안색이라는 말이 영어에서는 구별되지 않아요. 한국인들은 표정 이면에 숨겨진 안색을 봅니다. 정철(鄭澈 · 1536~1593)이 쓴 시 한 구절을 봅시다.

> 반기시는 낯빛이 예와 어이 다르신고….
> ─〈속미인곡〉(續美人曲)

정철은 시에서 표정은 똑같이 반기는데 낯빛, 안색이 다름을 이야기하고 있어요. 너와 나의 진정한 커뮤니케이션은 인위적으로 만들 수 있는 표정에 있는 것이 아니라 절대 숨길 수 없는 낯빛에 있는 것입니다.

우리 민족이 눈치가 굉장히 빠른 것은 사실인가 봐요. 웃고 있는데도 안색이 별로 안 좋으면 그건 화내는 것임을 알아채는 민족입니다. 그러니 한국인은 비록 무표정한 국민이지만, 표정으로 커뮤니케이션하는 민족이 아니라 그 안에 진정으로 숨겨진 안색이라는 또 다른 커뮤니케이션을 통해 소통하는 민족인 셈이죠.

그러나 안타깝게도 정보화 시대에는 이러한 낯빛의 문화가 사라졌어요. 감정의 전달에 아이콘이 차지해 나를 대신해주고 있지만, 아이콘으로는 낯빛이나 안색을 전달할 방법이 없어요. 매일 수없이 쏟아지는 아이콘이라는 가면을 쓰고 현대인은 자신의 얼굴을 감추고 있는 것은 아닐까요?

또 하나의 얼굴, 셀카

감정을 담은 또 하나의 얼굴 문화 중 하나는 셀카입니다. 자기 자신을 촬영하는 것을 한국식 표현으로 셀카(셀프카메라 · self camera)라고 부르는데 영어로는 셀피(selfie)라고 하죠. 2013년 영국 옥스퍼드대학은 '셀피'(셀카)를 올해의 단어로 뽑았고, 몇 해 전 미국《타임》지는 '셀카봉'(selfie stick)을 최고의 발명품 가운데 하나로 선정했지요.

원래 내 얼굴은 남이 보기 위한 것입니다. 때문에 사진 역시 남이 찍어줘야 하는 것이었는데, 지금은 자기 스스로 자신의 모습을 찍습니다. 지금까지의 얼굴은 내 몸에 있지만 숨어 있는 것이었어요. 남이 봐주는 것이었죠. 그러나 지금은 내 얼굴을 내가 보는 시대가 되었습니다. 남이 나를 보듯이 내가 나를 봅니다. 심지어 아무도 없는 우주선 안에서도 셀카를 찍어요.

세계 최초의 셀카 사진은 네덜란드 출신 미국 사진작가 로버트 코넬리우스(Robert Cornelius · 1809~1893)로 알려져 있어요. 다음에 나오는 사진은 1839년 10월 필라델피아에 위치한 그의 집 뒷마당에서 촬영했다고 합니다. 해당 사진이 '최초의 셀카'라 평가받는 이유는 인물 포즈에 있어요. 초창기 사진들 속 인물들이 경직된 포즈를 하고 있었다면, 코넬리우스는 표정이나 각도 등이 현재 통용되는 셀카와 유사합니다.

세계 최초의 셀카, 로버트 코넬리우스 촬영

정보화 시대의 셀카는 이모티콘과 함께 나를 보여주는 또 하나의 얼굴이 되었어요. 셀카 속에서 우리는 웃거나 울고, 아름답거나 우스꽝스럽습니다. 촬영자의 의도에 따라 얼마든지 다시 찍고 지우기를 반복할 수 있으며, 그중 선택된 이미지의 표정을 누군가에게 전달하여 상대방에게 그 얼굴을 진실처럼 믿게 할 수 있게 되었죠.

셀카는 카메라의 등장과 함께 발전하였지만, 당시의 장비는 중장비에 가까웠지요. 진정한 의미의 셀카는 디지털 시대로 넘어오면서, 특히 휴대전화에 장착된 카메라의 보급에 따라 더욱 가속화되었습니다. 현대인은 수

166

많은 셀카를 촬영하고, 선택하고, 지우고, 수정하는 과정을 거치며 자신의 얼굴 중 가장 보여주고 싶은 모습만을 취사선택해 공개하죠. 촬영자의 의도에 따라 얼마든지 동안(童顔)으로 보이게 할 수 있으며, 눈은 크게, 턱은 갸름하게, 피부 톤도 조절 가능하고, 촬영 배경까지 교체할 수 있게 되었습니다. 사진이 현실을 기록하는 도구냐, 도구가 아니냐를 묻는 것은 의미 없는 질문이 된 지 오래입니다. 오히려 이 시대에 사진은 가장 허구적인 매체에 가까워졌어요.

또 하나 셀카의 범람은 소셜미디어의 발전과 그 궤를 함께합니다. 라캉이 '거울이론'에서 말했듯이 우리가 우리 스스로를 발견하고 가장 먼저 느끼는 것은 타인 속에 있을 때입니다. 스스로의 욕망은 순수한 것이 아니라, 오히려 타인의 욕망을 욕망한다는 것입니다. 우리가 현시대에 수많은 셀카를 찍는 것은 단순히 나르시시즘에 빠져 있기 때문만이 아니라, 소셜미디어를 통해 타인에게 보여주고 싶은 자신의 어떤 욕망을 손쉽게 전달할 수 있게 되었기 때문입니다.

이렇게 전달된 이미지는 타인에게 '멋지다' '아름답다' '좋아요' '대단해요' 등의 피드백을 통해 완성되며, 허구적 셀카에 자신을 동일시하죠.

라캉의 거울이론

프랑스의 정신분석자인 자크 라캉(Jacques Lacan · 1901~1981)은 이성의 자율성을 지나치게 강조한 근대의 에고(ego, 자아) 정신분석에 반발했습니다. '나'는 바라보는 주체일 뿐 아니라 보여지는 '나'이기도 합니다. 이 분열된 주체를 라캉은 상상계, 상징계, 실재계를 통해 설명합니다.

생후 6개월에서 18개월 된 아기는 처음엔 자신의 몸을 조각난 몸으로 여긴다고 해요. 얼굴, 목, 가슴, 팔, 손이 따로 따로 있는 식으로 말이죠. 그러다가 거울을 통해 자신의 몸이 총체적이고 완전한 한 몸을 이루고 있다는 걸 알고 크게 기뻐한다고 해요. 이를 거울단계(Mirror Stage)라고 해요. 아이는 이후 거울 속에 비친 자신의 이미지에 매혹되면서 그 이미지에 자신을 맞추려 합니다.

반면 침팬지는 인간과 다릅니다. 침팬지는 거울 속에 제 얼굴에 익숙해지면 더는 거울 속의 자신에 관심을 갖지 않는다고 해요. 침팬지는 실재계만 존재할 뿐 상상계를 인정하지 않는 것이죠. 언어의 세계로 들어서면서 알게 되는 상징계 역시 침팬지는 이해할 수 없지요.

인간은 동물과 다릅니다. 우리가 '나'(자아)라고 인식하는 데는 반드시 상상계가 스며들게 마련입니다. 우리가 보통 실재한다고 믿고 있는 '나'(자아)는 실제로는 상상의 구조물이라는 사실을 깨닫게 됩니다.

거울에 비친 '내 모습'을 떠올려 봐요. 이때의 '나'는 단지 신체가 가시적 공간에 반영된 것으로 진짜 '나'와 마주해 '내' 시선을 머물게 하는 그림자이며, '나'의 내면을 보여주지 못 하는 대상일 뿐입니다. 그렇기에 주체에 대해 언제나 타자로만 머물며 이상화되기 쉽다고 라캉은 말합니다. 결국 거울단계는 매우 행복한 단계이지만, 허구적 구축이 이루어지는 단계이고 타자를 통해 자아가 구성되는 단계이기 때문에 '자기 소외적'이라고 할 수 있어요. 라캉은 "주체가 스스로를 발견하고 제일 먼저 느끼는 곳은 타자 속에서"라고 말한 바 있어요.

인간은 타자를 통해 자신의 존재를 인정받을 때 주체로서 존재할 수 있습니다. 그러므로 구조적으로 인간의 욕망은 나의 것이 아니라 타인의 욕망과 그것이 겨냥하는 대상을 향하게 됩니다. 욕망은 순수하게 나의 내면적 의지를 표현하는 것 같지만, 사실은 타자에게 인정받으려 하는 것을 표현하는 것이라고 할 수 있어요. 거울에 비친 '상상하는 나'와 '현재의 나' 사이의 차이를 솔직히 받아들이면 건강하게 성장할 수 있어요.

아름다워지려는 욕망

박가분(朴家粉)은 일제강점기인 1916년에 상표 등록되어 판매된 화장품입니다. 여자들이 함부로 바깥출입을 할 수 없었던 시대에 집안에서 자신의 피부색을 바꾸고 아름다움을 가꿀 수 있게 만든 제품이었죠.

당시의 어머니들에게 이 박가분은 최고의 사치였어요. 화장품의 유통이 이 동네 저 동네를 돌아다니던 약장수들에 의해서 이루어졌던 시대였는데 대부분 이 약장수들은 사기성이 농후해서 시골에 가서는 가짜 화장품을 팔기도 했어요. 그런 화장품을 남편과 시어머니 몰래 퍼온 쌀과 바꿔가던 때였어요.

당시 박가분은 피부와 백분의 부착력을 높이기 위하여 납 성분을 넣었다고 해요. 이른바 납분 또는 염분이었어요. 당연히 피부에 좋을 리가 없었죠. 유해성분 때문에 몸에 좋지 않다는 소문이 돌았지만, 화장을 해서 화장독 오른 사람이 한둘이 아니었어요. 어찌 보면 목숨을 걸고 화장을 한 셈입니다. 그렇게 해서라도 보는 사람들에게 더 예뻐 보이고, 아름다워지려고 한 것이죠.

물론 화장에 대한 관심은 그 이전 역사에서도 많이 찾을 수 있습니다.

화장에 대한 최초의 공식적인 기록은 기원전 7500년경 이집트 기록에서 찾을 수 있어요. 고대 이집트인들은 신분에 상관없이 먹으로 눈 주위를 칠해 눈을 크게 만드는 화장을 했는데 이는 신으로부터 보호를 받는다는 의미를 나타냄과 동시에 건조한 사막지대에서 눈을 보호하는 기능을 했다고 해요. 이처럼 초기의 화장은 종교적 이유나 주로 신체를 보호할 목적으로 한 것이라고 합니다. 아름다움을 과시하거나 미를 드러내려는 의도와 거리가 멀었죠.

로마 제국의 5대 황제인 네로(A.D 27~68)는 포파이아 사비나(30~65)라는 아내가 있었어요. 원래 포파이아는 훗날 황제가 된 오토와 결혼한 사이였는데도 네로에 의해 강제 이혼을 당했다고 알려져 있어요. 포파이아는 피부가 아주 진주처럼 매끄러웠다고 하는데 아침저녁으로 나귀 젖으로 목욕을 했다고 전해집니다. 이를 위해 500마리의 나귀를 500명의 노예들로 기르게 했고, 여행할 때 나귀 군단을 몰고 다녔다고 하죠.[13] 고대 로마의 플리니우스(23~79)가 편찬한 세계의 첫 백과사전인《박물지》(Historia Naturalis · 전 37권)에 '서양에서 최초로 주름살 약을 쓴 여인이 포파이아'라는 기록이 있다고 하죠.

역사자료에 의하면 중국 당나라 여인들의 눈썹 형태는 매우 다채로웠다고 해요. 원앙미(鴛鴦眉), 소산미(小山眉), 오미(五眉), 삼봉미(三峰眉), 수주미(垂珠眉), 월미(月眉), 분초미(分梢眉), 함연미(涵煙眉), 불연미(拂煙眉), 도운미(倒暈眉) 등 12가지 방식이 있었다고 합니다. 여인들은 매일 일어나면 눈썹부터 그리는 것이 당시의 유행이었다고 하지요.

일반인은 물론이거니와, 특히 왕의 간택을 받기 위해 궁녀들 사이에서는 화장이 매우 절실했겠지요? 왕이 특정한 눈썹을 좋아한다는 소문이 나면 너 나 할 것 없이 따라 하는 유행이 되었습니다.

여성들이 몇십 년에 걸쳐 하루도 안 빠지고 화장하는 걸 보자면, 주위에 안목이 뛰어난 여류 화가 수가 많은 이유를 알 것 같아요. 어떤 미술품이

---

13 이규태의《이규태 코너 1985~1990》(조선일보, 1991) 참조.

얼굴 전체의 이미지를 바꾸는 눈썹만 한 게 있느냐는 생각도 들어요. 사실, 이 세상에 그 어떠한 예술품도 여성의 아름다움만큼 사람을 설레게 하는 것은 없습니다. 경국지색(傾國之色)이라는 말이 있듯 당 현종은 양귀비의 아름다움에 취해 나라를 망하게 하지 않았던가요? 나라 하나와 바꾼 아름다움이 경국지색입니다.

중국의 고사 중에 이런 이야기가 있어요. 채신이라는 남자가 어느 날 부인의 눈썹을 그려줬는데, 이 소문을 들은 중국의 관료들이 왕에게 여자의 눈썹이나 그려주는 채신을 파직(罷職)하라고 요청했다고 합니다. 하지만 왕은 채신을 딱히 여겨 벌주지 않았어요. 이를 보고 중국의 시인이 쓴 시가 있습니다.

사내대장부로 태어나서 세상을 호령하는 호탕한 영웅이 되지 못할 바에야 아름다운 달빛을 벗 삼아 아름다운 여인의 얼굴에 눈썹을 그리는 것 또한 아름답고 좋은 게 아니겠느냐.

얼굴을 과학적으로 분석하는 것은 오히려 쉽습니다. 하지만 문화적인 분석은 논쟁도 많고 그만큼 어렵습니다. 과학이야 자로 재는 숫자의 세계고 이론의 여지가 없는 객관성의 세계이지만 문화의 세계는 가치에 따라 그 해석이 달라지죠. 채신의 일화에서처럼 눈썹을 그리는 행동이 파직의 대상일 수도 있지만 영웅에 못지않은 아름다운 행동일 수도 있는 것입니다.

칼을 들고 세상을 호령하는 무(武)의 얼굴보다 책에 파묻혀 자연을 사랑
하는 온화한 선비의 얼굴, 그 문(文)의 얼굴이 더 아름다울 수 있어요. 바
로 거기서 문화적인 얼굴이 생겨나기 시작했던 겁니다.

박가분

우리나라 최초의 근대적 화장품이 박가분(朴家粉)입니다. 1915년 두산그룹의 창
업주인 박승직(朴承稷 · 1864~1950)이 경영하던 공익사(共益社)에서 만들어 선풍적
인 인기를 끌었다고 합니다.

1918년 특허국에 등록번호 1호로 화장품 등록을 했다고 알려져 있어요. 1926년
부터 30년 사이 박가분 1갑의 출고 가격이 42전 5푼. 소비자 가격은 50전이었다
고 해요. 한 달 평균 100갑씩 포장된 궤짝 100개 이상씩을 팔았으니 1만 갑을 넘
게 판 셈입니다.

당시 박 창업주의 부인인 정정숙(鄭貞淑) 씨가 전통적으로 내려오던 장분(張粉)의
본격적인 가내생산에 착안한 것으로 박씨의 성을 따서 박가분으로 불렀어요.

장분은 과거 산화연(酸化鉛)을 불에 구워 생긴 하얀 더께를 물에 풀어 침전시킨 후
에 화장품으로 쓰던 하얀 가루를 말합니다.

박가분은 납을 끓여 나오는 거품을 활석 가루와 반죽해 만든 것으로 뚜껑에 달
린 상자에다 석판(石版)인쇄로 상표까지 붙였지요. 연지, 동백, 기름, 밀기름 등 정
도가 화장품으로 유행하던 시절에 박가분은 여성들의 큰 사랑을 받았습니다.

1930년대 들어 일본의 고급 화장품이 유입되면서 서서히 자리를 내주었다고 해

요. 화장품에 든 납 성분이 피부를 상하게 한다는 연독(鉛毒) 파문이 일기도 했어요. 이후 박가분은 납 성분이 들어가지 않은 화장품 개발에 눈을 돌렸고 포마드, 크림, 로션 등을 생산하다가 1937년 문을 닫았어요.

화장품과 성형 산업

'매분구'(賣粉嫗)라는 직업을 들어본 적이 있나요? '구'는 '할미 구' 자입니다.

매분구는 화장품을 파는 방문판매원을 말하는데 실제로 할머니인지는 알 수 없어요. 17~18세기 조선 후기 때에 이미 화장품만을 전문적으로 취급하는 매분구가 따로 존재했을 정도로 여인들이 화장에 관심이 많았다고 합니다.

이들은 방물장수처럼 몇 사람씩 무리를 짓거나 집시처럼 떠돌아다니며 화장품을 팔았다고 해요. 하지만 웬만한 양반집에서는 화장품을 직접 제조해 사용했다고 해요.

조선 초에는 고려시대의 사치와 퇴폐풍조에 대한 반작용으로 검소한 화장이 유행이었다고 해요. 특별한 화장법이 없이 눈썹을 그리고 분을 바르며 연지를 그리는 정도였다고 하고요. 특히 진한 화장은 기생과 궁녀 등

특수여성들이 했기에 일반 여성의 화장은 담백했다고 합니다.

그러나 흰 피부를 좋아해 남녀 모두 옥 같은 피부를 만들기 위해 애썼는데, 미안수를 만들어 사용하고 꿀 찌꺼기를 펴 발라 팩을 했다고 합니다. 또 오이꼭지를 문질러 마사지를 하고 남자들은 분으로 얼굴을 씻는 분세수를 하기도 했다고 합니다.

조선시대에 경복궁에서 흘러내리는 냇물을 금천(錦川)이라 불렀어요. 인왕산에서 흘러내리는 물길을 근정문 앞으로 끌어내어 만든 인공 수로가 금천이었어요.

한데 여염에서는 금천 대신 젖내(乳川)이라 불렀다고 해요. 물빛이 항상 뽀얀 유백색(乳白色)이어서 그랬다고 하죠. 많은 궁녀들이 콩가루, 녹두가루로 얼굴을 씻어 흘려보냈기 때문이라고 합니다. 임금의 사랑을 받기 위해 궁녀가 어떤 화장을 했는지 상상할 수 있지요.

옛날 사람들은 얼굴이 유난히 흰 여인을 보면 '방앗간집 딸인가 희기도 희다'고 했다지요? 방아를 찧고 나면 겨가 생깁니다. 이 겨가 좋은 표백 화장품으로 쓰였다고 해요.

가장 널리 쓰였던 전통 분(粉)도 분꽃이라는 꽃 열매에서 나는 가루였어요. 해질 무렵, 꽃이 피어 달빛을 밤새워 흡입하고 달과 더불어 아무는 이 분꽃 분을 칠하면 으스름의 유백미가 난다고 했어요. 그래서 이 식물성 꽃분이 얼굴에 잘 먹어들었을 때 '달(月)이 먹어 들었다' 했으니 얼마나 시적(詩的)인가요?

눈썹을 그리던 미묵(眉墨)도 흑갈색이 나는 식물성의 보리깜부기였다고
합니다. 삼남지방에 이 깜부기 미묵에 대한 동요가 전해 내려옵니다.

> 비야 비야 오지 마라
>
> 우리 엄마 빨래 걱정
>
> 비야 비야 오지 마라
>
> 우리 아빠 물꼬 걱정
>
> 비야 비야 오지 마라
>
> 우리 누나 눈썹 걱정

깜부기가 서민들의 미묵이었다면 상류층의 미묵은 남정화라는 꽃을 태운
재를 기름에 재어 칠했다고 합니다.

화장수도 철철이 달랐었다고 해요. 봄에는 복숭아잎, 여름엔 느릅나무 여
린잎, 가을엔 당귀뿌리, 겨울엔 무잎을 응달에 말린 것을 삶아 우려낸 물
로 화장수로 삼았다고 하지요.

이미 로마시대에 빗물로 얼굴을 씻으면 얼굴이 희고 탄력이 생긴다 했는
데 우리 전통사회에서도 섣달에 내리는 눈이 녹은 물인 납설수(臘雪水)를
보관했다가 화장수로 썼어요.[14]

---

14 "식물성 화장시대"(《조선일보》'이규태 코너', 1994. 1. 7.) 및 "풍속도-화장품판매원 17세기 등

개화기에 아코디언을 켜고 북을 두드리며 경성(京城) 시내를 누비던 하얀 얼굴의 러시아인이 있었다고 합니다. 그들은 빈 통에 크림을 채워주는 식으로 화장품을 팔았는데 그 크림은 부녀자들 사이에 '동동구리무' 혹은 '동동구리모'로 불리며 인기를 누렸죠.

바깥출입마저 자유롭지 않았던 시대에 살았던 한국 여성들이 오늘의 정보화시대를 접한다면 어떤 생각을 할까요? 시대와 역사가 바뀌어 이제 억압된 사회에서 벗어나 자기를 표현하는 시대, 자기중심의 시대가 도래한 것을 알면 아마도 황홀하다 여기지 않을까요?
산업화 과정에서 여성들은 자유롭게 바깥출입을 하며 화장품 산업 또한 급속도로 발전했습니다. 시골에서 화장품을 파는 약장수는 사라진 지 오래입니다. 약장수들이 소규모로 팔던 화장품 산업은 엄청난 규모의 산업으로 성장했어요.
부국강병(富國强兵)을 이야기할 때 우리는 군사력, 경제력을 이야기하지만 지금은 '알력' '페이스 파워' '얼굴력'이 존재한다고 해요. 화장품 산업과 성형 산업의 규모가 그것을 대변하죠.
화장품 산업은 지난 10년간 폭발적 성장세로 수출 규모를 키우고 있습니다. 세계 수출 3위라고 하며 대한민국 무역흑자 효자산업으로 자리매김

장 "(《동아일보》, 1994. 4. 5.) 참조.

했어요.

화장품 수출 규모는 10년 전인 2012년 10억 6700만 달러에서 2021년 91억 8457만 달러로 8.6배 성장했어요. 코로나19가 위력을 떨치던 시기임을 감안하면 대단한 겁니다. 화장품 수출액에서 수입액을 뺀 무역수지는 2012년 8926만 달러 흑자에서 2021년 78억 7883만 달러 흑자로 무려 88.3배 이상 늘어 수출 효자산업이 되었습니다. 가전 86억 달러, 의약품 84억 달러, 휴대폰 49억 달러의 수출액과 비교하면 더 놀랍죠. 'K-뷰티'라는 말이 빈말이 아닙니다.

몇 해 전 한국갤럽의 조사에서 응답자 10명 중 9명이 '인생에서 외모가 중요하다'고 답해 한국인의 외모 관심을 재차 확인시켜주었어요. 2020년 2월부터 2주간 전국 만 19세 이상 남녀 1500명에게 물으니 89%가 인생에서 외모가 중요하다고 답했다고 해요. 성형수술 경험을 묻는 말에는 남성 2%, 여성 18%가 '성형수술을 한 적이 있다'고 답했다고 하죠. 여성 화장 산업의 발전은 여성들의 아름다워지려는 욕망에 비례합니다.

\#   " 애는 한국 애처럼 안 생겼어요 "라는 칭찬

요즘 우리 아이들을 보고 "애는 한국 애처럼 안 생겼어요"라는 말이 의미심장한 칭찬으로 자리 잡았다고 해요. 코는 오뚝하고, 눈은 쌍꺼

풀이 진 아이를 보고 "아이가 참, 서양 애 같다"고 하면 엄마들은 속으로 뿌듯해한다는 것이죠. 우리가 하는 모든 성형수술이 '신몽골로이드'의 얼굴을 버리고 서양인의 얼굴을 닮아가고 있던 것입니다. 우리가 1등을 한 얼굴의 특성들을 모두 버리고 다른 얼굴로 가고 있던 것은 아닐까요?

그런데 중국이나 대만 등 아시아 지역 여자들의 성형 모델은 한국의 스타들입니다. 바이칼 호수에서 벗어나 몇천 년을 살아오면서 만들어진 내 문화와 내 역사, 내 유전자들이 종합되어 형성된 우리의 얼굴이 지금은 아시아의 미의 표준이 되어가고 있어요.

한국의 화장품이 중국에서 불티나게 팔리는 것은 중국 여성들에게 한국 여배우처럼 예뻐지고 싶다는 욕망이 있기 때문입니다. 우리가 예전에 프랑스 화장품 브랜드 랑콤과 일본 시세이도에 열광하던 때가 생각나요.

2010년 스페인에서 발견된 조개껍데기가 연구 결과 5만 년 전 네안데르탈인이 사용했던 화장 용기로 밝혀졌어요. 그때부터 고대 인류는 다양한 방법으로 색소를 생산, 얼굴과 몸에 화장을 한 것으로 보입니다.

화장품을 영어로 코스메틱(Cosmetics)이라 칭합니다. 코스모스(Cosmos)는 우주를 뜻하죠. 왜 화장품의 유래가 '우주'일까요? 인간의 타고난 얼굴은 완전하지가 않습니다. 일종의 카오스(Chaos·무질서)의 세계입니다. 거기에 질서를 부여해 카오스를 코스모스의 세계로 바꾸는 뜻이 화장, 화장품에 담겨 있어요. 인간은 타고 태어난 것, 주어진 것만으로는 부족한 존재입니다. 그것을 완전하게 만드는 것이 '아름다움'이요, '조화'입니다. 화장을 한다는 것은 완벽하지 않은 자신의 민얼굴의 약점을 보완하고 조화 있게 만든다는 것이에요. 바로 우주의 질서와 마찬가지로 모든 것이 조화롭게 배치되어 아름다움을 창조한다는 것이 올바른 화장관이 아닐까요?

나를 위장하고 가면을 쓰는 것이 아니라, 오히려 나의 부족함을 보완하고 진실한 소통을 위한 수단으로서 화장을 합니다. 화장을 하는 것이 가면을 쓰듯 나의 민얼굴을 가려 거짓된 얼굴을 만들려고 하는 것이냐, 아니냐에 따라 화장 문화 역시 달라질 겁니다.

외모 이야기를 조금 더 하자면, 오늘날 외모에 집착하는 현상은 효율과 생산성을 너무 강조하는 사회병리적 풍조 때문이 아닐까요? 너무 급속하게 사회 자본이 바뀌면서 짧은 시간에 강렬한 인상을 사람들에게 남기려는 의도가 강한 것 같아요. 외모는 순식간에 상대에게 호불호의 감정을 갖게 만드니까요. 고매한 인격이나 양보의 마음, 혹은 겸손 같은 정신적 가치를 남에게 보여주기란 쉽지 않고 오랜 시간이 필요하니까요.

조용진 얼굴연구소장의 견해를 한 가지 더 소개할까 해요. 그에 따르면 남녀가 결혼할 때 외모가 비슷한 사람끼리 결혼하게 된다는 겁니다. 그래서일까요? 부부가 닮는다는 말이 빈말이 아니라는 거예요. 예를 들어 '눈썹 흐린' 남성은 '눈썹 흐린' 여성에게 반할 가능성이 커요. 제 눈에 안경인 셈이죠. '눈썹 흐린' 커플이 낳은 자식은 어떻게 될까요? 당연히 '눈썹 흐린' 자식이 태어나겠죠. 옛날 씨족 중심 사회에서는 아예 그 지역 일대가 '눈썹 흐린' 사람으로 가득한 것도 그런 이유에서입니다.

이런 원리로 조용진 소장은 "중국에서 중국 사람끼리 결혼하고, 한국에서 한국 사람끼리 결혼하고, 이렇게 5천 년, 1만 년 계속하다 보면 중국 사람과 한국 사람의 용모가 달라진다"고 설명합니다.

사실, 얼굴의 특징을 결정하는 유전자의 수는 아주 적다고 하지요. 자손에게 그 유전자가 잘 전해져 집안마다, 씨족마다, 지역마다 특징적인 용모가 생겨나는 겁니다. 결국 같은 동양인이라도 중국인, 일본인, 한국인의 용모가 다르고 그 특징이 점점 강화된다는 것이 조용진 소장의 귀한 설명입니다.

모험 유전자

　　갑자기 이런 궁금증이 생깁니다. 왜 우리의 선조들은 그 머나먼 여정을 자처했을까요? 과연 그들의 장정(長征)은 그들 스스로의 선택에 의한 탐험의 길이었을까요? 아니면 무언가에 쫓겨 어쩔 수 없이 행해진 도피의 행로였을까요?

쫓긴다는 것은 쫓기도록 강제한 원인이 따로 있을 테죠. 그 반대 역시 마찬가지입니다. 쫓아가서 잡아먹으려 하는 짐승들의 눈은 전부 앞에 달려 있어요. 보세요. 늑대, 사자, 호랑이가 그렇잖아요. 그런데 초식동물들의 눈은 전부 옆에 붙어 있습니다. 포식동물은 목표물을 겨냥한 채 정확히 그 목표물만을 바라보며 쫓아가요. 그렇기 때문에 눈이 앞쪽에 집중되어 있습니다. 그러나 쫓기는 초식동물들은 앞만 보고 달릴 수 없어요. 어디서 무엇이 자신을 덮칠지 모르죠. 그러니 여기저기 살 곳을 찾아 도망칠 수 있도록 눈이 옆에 달려 있는 겁니다. 이렇게 보면 인간은 역시나 강한 동물이에요. 눈이 앞에 달려 있는 것만 봐도 알 수 있지 않은가요? 초식동물 중에서도 가장 슬픈 짐승이 토끼입니다. 360도 모두를 볼 수 있는 눈을 가지고 있으니까요. '토낀다'라는 말이 있을 정도로 토끼는 도망가는 것이 전공이죠.

심지어 토끼는 길고 큰 귀까지 가지고 있어요. 앞발이 작고 짧기에 언덕을 이용해 쉽게 포식자들로부터 도망칠 수도 있습니다. 사슴도 그렇고, 말도 그렇습니다. 쫓겨 도망 다니는 숙명으로 태어난 동물에게 신은 360도 모두를 볼 수 있는 재능을 선물로 주신 겁니다.

인간은 쫓기긴 했으나 두 발이 있고 지능이 있고 도구를 만들 수 있는 재능을 갖고 태어났어요. 절대로 쫓기도록 만들어지진 않았지만 그렇다고 공격용으로 만들어지지도 않았어요. 바로 인간에게는 쫓기느냐, 쫓느냐를 선택할 수 있는 자유로운 선택권을 신이 주신 겁니다.

아프리카에서 벗어나 머나먼 미지의 세계를 찾아 떠난 인간의 대장정…. 단지 지금 우리는 얼굴에 대한 이야기만을 하고 있는 것이 아닙니다. 선택지를 가진 인간이 안주하는 것이 아닌 탐험의 선택을 한 이야기를 하고 있는 것입니다. 바로 우리가 어떻게 살아왔는지에 대한 이야기이자 앞으로 어떻게 살아가야 하는지, 내 아이들에게 무엇을 가르쳐야 하는지에 대한 이야기입니다.

따뜻한 아프리카에서 벗어나 머나먼 시베리아까지 온 사람들. 그 사람들이 왜 이러한 선택을 했는지에 대해 선뜻 답하기가 어려워요. 왜냐면 그들 하나하나가 각각의 선택지를 가진 인간이었기 때문이죠. 어떤 사람은 먹이를 가지고 싸우기 싫어서, 어떤 사람은 싸움에 져서 어쩔 수 없이 쫓겨 왔을 수도 있어요. 또 어떤 사람은 모험심에 새로운 곳을 보고 싶었을 수도 있었을 겁니다. 무리 중에는 호기심을 가슴 가득 품은 사람도 있지 않았을까요?

문화인류학자들 역시 '아웃 오브 아프리카'를 단행한 인류의 동기에 대해 왈가불가 많은 논쟁을 벌입니다. 감히 내가 단정해보자면 그것은 인간이 가지고 있는 유전자, 모험하고자 하는 유전자 때문이 아니었을까 싶어요.

\#   한국인의 모험 유전자, 혜초

서기 723년 신라의 스님 혜초(慧超 · 704~787)가 길을 떠납니다. 갈 때는 해로를, 올 때는 육로를 거쳐 큰 바다와 사막, 설산(雪山)의 산맥을 따라 인도와 주변 여러 나라를 순례하고 727년 돌아왔어요. '천축국'(天竺國)은 인도를 말하죠. 당시 인도는 다섯 지방, 즉 동천축, 서천축, 남천축, 북천축, 중천축으로 나뉘어 있어서 '오천축국'이라고 불렀습니다. 왕(往)은 그곳에 갔다는 의미여서《왕오천축국전(傳)》은 인도 지방 여행기라는 뜻입니다. 우리나라 최초의 기행문이자 세계에서 유일무이한 8세기 인도와 중앙아시아에 관한 여행기입니다.

1908년 3월 프랑스의 탐험가였던 폴 펠리오(Paul Pelliot · 1878~1945)가 중국의 둔황(敦煌) 천불동(千佛洞)에서 발견해 세상에 알렸습니다. 앞뒤가 잘린 채 발견되었는데, 원래 3권이었다는 설, 4권이었다는 설이 있는데 현존본은 그 약본(略本)으로 알려져 있어요. 번역본은 독일에서 가장 먼저 나왔고 이후 1943년 최남선(崔南善 · 1890~1957)이 원문과 해제를 발표하면서 혜초의 이름을 우리가 알게 되었습니다.

보리사가 멀다고 근심할 것 없었는데
녹야원이 먼들 어찌하리오.
다만 멀고 험한 길이 근심이 되나
불어 닥치는 악업(惡業)의 바람은 두렵지 않네.
여덟 개의 탑을 보기 어려움은
여러 차례의 큰 불에 타버렸음이라.
어찌해서 사람들의 소원을 들어줄거나
오늘 아침부터 이 눈으로 똑똑히 보리.

(不慮菩提遠 焉將鹿苑遙 只愁懸路險 非意業風飄 八塔難誠見 參著經劫燒 何其人願滿 目覩在今
朝)

이 시는 혜초 스님이 마하보리사(寺)를 예방하는 기쁨을 읊은 시입니다.
그렇게 먼 길을 떠나온 구도자 혜초의 시(노래)는 절제되어 있어요. 들뜬
모습을 전혀 찾아볼 수 없습니다. 오히려 '오늘 아침부터 이 눈으로 똑똑
히 보겠다'고, 흥분하지 않겠노라 다짐하는 시입니다.
이런 다짐 속에 길 떠난 이의 설렘을 역으로 느낄 수 있어요. '불어 닥치는
악업의 바람은 두렵지 않네'라는 용기의 표현이 몹시 여운을 줍니다. 참
고로, 시 속 녹야원(鹿野苑)은 부처가 처음 설법한 곳이라고 해요.
《왕오천축국전》에는 혜초가 '구시나'(拘尸那)에 들렀을 때의 일화가 나옵
니다. 구시나는 부처가 열반한 곳이죠. 당시 구시나는 들짐승이 우글거리
는 무서운 밀림지대였던 것 같아요. "이곳은 황폐(荒廢)하여 사람도 살지
않으며 임목(林木)이 울창하여 순례 온 이들은 들소와 큰 뱀의 해침을 곧
잘 받는다"고 썼으니까요. 지금으로부터 100여 년 전인 1920년대에 인도
의 소녀 둘을 물어간 늑대가 10년간 이 아이들을 기르다 사람들에게 발
견된 곳이 바로 구시나 인근 밀림이었다고 해요. 혜초 스님은 이런 시도
남겼습니다.

길은 거칠고 설산 높은데

험한 골짜기마다 도둑도 많기로 해라.

나는 새도 험한 산세에 놀라

고통나무 다리 건너기에

사람이 겁을 먹는다.

내 평생 눈물을 몰랐는데

오늘따라 천 줄기 눈물이

내 볼을 적신다.

(君恨西蕃遠 余嗟東路長 道荒宏雪嶺 險澗賊途倡 鳥飛驚峭巖 人去難偏樑 平生不捫淚 今日灑千

行)

발길 닿는 대로 걷는 것을 불교용어로 '운수행각'(雲水行脚)이라 합니다. 흔히 쓰는 불교 용어일 수 있으나 구름처럼 떠다니다 물처럼 흐르는 혜초의 긴 여정이 떠올라요.

그런데 혜초는 노상강도 내지 도둑을 많이 만난 모양입니다.《왕오천축국전》에 이런 문장이 나와요. "길에는 도적이 많기는 하나 물건만 빼앗고는 즉시 풀어 보내고, 그 자리에서 죽이거나 해를 끼치지는 아니한다"고 썼어요.

이런 표현도 있습니다.

이 땅에 사는 사람은 마음이 착하여 살생하는 것을 좋아하지 않는다. 그래서 시장에서나 가게에서 짐승을 잡아 죽이거나 고기를 파는 곳은 볼 수가 없다.

《왕오천축국전》을 보면 '천 줄기 눈물'이라는 문장에서 보듯 고단한 여정
이 드러나지요. 그럼에도 천축으로 향하는 혜초의 행로를 보면, 구법(求法)
을 향한 그의 신앙적 목마름과 아울러, 한국인의 정신에 깃들어 있는 모
험 유전자를 떠올리게 합니다.

한국인의 모험 유전자, 고선지

여행자로서 기록을 남긴 한국인을 꼽으라면 혜초와 함께 〈토
황소격문〉(討黃巢檄文)을 남긴 최치원(崔致遠 · 857~?)이 빠질 수 없지요. '토
황소격문'에서 토(討)는 꾸짖고 야단친다는 뜻이죠. 황소(黃巢)는 사람 이
름이고, 격문(檄文)은 사람들을 선동하거나 의분을 고취하려고 쓴 글을 말
합니다. 그러니까 토황소격문이란 황소란 사람을 꾸짖으면서 사람들을
끌어모으려는 글이라는 뜻이 되지요.
황소가 모반을 일으켜서 당나라를 뿌리째 뒤흔든 게 서기 875년의 일이
에요. 당나라 희종은 고변(高騈 · ?~887)을 토벌 총사령관으로 삼았습니다.
최치원은 이 사람 휘하에서 종군여행을 시작했죠.
최치원이 어느 해부터 황소 토벌군에 참가했는지는 알 수 없습니다. 다만

양쯔강 방면에서 고변의 휘하에 있던 기간에 지은 1만여 편의 시문 가운데서 뽑아 가린 책이 바로《계원필경》(桂苑筆耕 · 전 20권)입니다. 필경이란 진중(陣中), 즉 전쟁터에서 문필로 생계를 유지했다는 겸손의 뜻이라고 해요. 이 문집은 현재도 남아 한국 한문학사(漢文學史)의 권두를 장식하지요. 그 가운데 특히 〈토황소격문〉, 이 글은 당나라 사람들까지 놀라게 한 명문(名文)으로 중국문학사에서 한국인의 명성을 크게 떨치게 했어요. 일부 내용을 소개하면 이렇습니다.

《도덕경》에 이르기를, 갑자기 부는 회오리바람은 한나절을 지탱하지 못하고, 쏟아지는 폭우는 하루를 계속하지 못한다 하였다. 천지에 있어서도 갑작스럽게 일어난 변화는 이와 같이 오래가지 못하는 법인데 하물며 사람의 일이 이보다 더하겠는가? (…)

온 세상을 널리 살펴보고 만 리 길을 거침없이 횡행함에 너와 같은 좀도둑은 마치 활활 타는 용광로 속에 기러기 털을 넣는 것과 같고, 높이 솟은 태산 밑에 참새 알이 깔린 것과 같아 형체도 없이 사라지고 말 것이다. (…)

그러나 만일 네가 헛된 욕망에 이끌려 함부로 날뛰고 깊은 잠에서 깨어나지 못한다면 이는 마치 지네가 수레바퀴에 저항하는 형상이고, 세상의 변화를 모른 채 옛것만 고집하는 수주대토(守株待兎)의 우(愚)를 범하는 것이다. 마침내 곰을 잡고 표범을 쫓는 우리 군대가 몰아친다면 큰소리만 치던 너의 오합지졸들은 사방으로 흩어져서 도망칠 것이요, 너의 몸은 도끼에 묻은 기름이

될 것이며, 너의 뼈는 전차에 치어 부서진 가루가 될 것이다.

최치원의 이 격문은 적장의 간담을 서늘하게 한 명문으로 뜻이 장엄하고 위압하는 힘이 느껴집니다. 적장의 죄를 꾸짖고 힐책하는 기세 높은 문장을 읽던 황소가 겁을 먹어 저도 모르게 침상에서 굴러떨어졌다는 일화가 전해지죠.

《삼국사기》(三國史記)의 '최치원전(傳)'에 의하면 그의 자(字)는 고운(孤雲), 해운(海雲)이었습니다. 서기 857년 경주에서 태어나 12세에 당으로 유학의 길을 떠났어요. 그가 이 나이에 견당(遣唐) 유학생이 된 것은 "어려서부터 정민호학(精敏好學)하였다"라고 하는 그의 자질을 말해줍니다. 《삼국사기》에 '최치원의 세계(世系)를 알 수 없다'고 적은 것으로 보아 육두품 출신으로 보입니다.

최치원은 당나라에 간 지 6년 만인 18세 때에 급제하여 장쑤성 강녕의 현위(縣尉)가 되었습니다. 이후 시어사(侍御史)에 올랐다고 전해집니다. 어느 정도 높은 벼슬인지는 모르나 3품 이상에 해당한다고 해요. 〈토황소격문〉은 서기 881년, 그러니까 최치원이 25세에 남긴 글입니다.

당나라에서 활동한 한국인들 가운데 문재를 떨친 것으로는 최치원이 가장 유명하지만, 무략으로 가장 이름을 날린 이를 꼽으면 고선지(高仙芝 · ?~755) 장군이 될 것입니다. 고구려계로 그의 3대가 모두 당나라 절

도사를 역임했다고 하지요. 이 고선지 장군도 몸속에 모험 유전자로 가득했던 한국인이었습니다. 당의 시성(詩聖) 두보(杜甫 · 712~779)조차도 그의 용맹과 모험을 기리는 시 〈고도호총마행〉(高都護驄馬行)을 남겼을 정도입니다.

고선지는 훗날 당나라 수만 대군을 거느리고 세계의 지붕이라고 불리는 파미르고원을 3차례나 넘나들며 서역 원정을 감행했어요. 20세기 초 그의 원정길을 답사한 어느 영국 탐험가는 이 장거리 행로를 두고 "나폴레옹의 알프스 돌파보다 더 성공적"이라고 했다지요? 평균 높이만 봐도 파미르고원은 6000m 이상이 돼요. 2000m대인 알프스산맥의 험난함은 그에 비할 바가 아니었던 것입니다.

고선지가 의도한 바는 아니었지만, 이 원정으로 그가 세계 문화사에 남긴 영향은 군사지휘관으로서의 위업 이상으로 엄청났다고 평가받습니다. 그가 지휘했던 탈라스 전투를 계기로 제지술이 아랍 세계에 퍼졌고 그것이 다시 12세기 중엽 유럽에 전해지게 되었다고 하니까요.(《조선일보》, 1991. 4. 11, 11면 참조)

고대 한국인 혜초와 고선지, 두 사람 모두 그들의 옛 선조들처럼 담대한 모험을 떠났어요. 동방과 서방의 문화교류에 커다란 발자국을 남겼지요. 지도를 펼쳐놓고 역사적인 그들의 역정을 복기하다 보면, 나도 모르게 가슴이 벅차오르는 것을 느낍니다. 혜초는 아주 오래전 고몽골로이드가 파도 물결 이는 곁에서 지나온 해안길을, 고선지는 그보다 늦게 신(新)몽골 로이드가 눈보라를 헤치며 걸어온 산등성이를 그대로 되짚어 간 셈이니 까요. 미처 의식하지는 못했겠지만, 동양인, 한국인이라는 육신의 종자를 조상들이 퍼뜨린 길을 정확히 그들은 반대로 걸으며, 문화의 씨앗을 전 세계에 다시 파종한 셈입니다.

탐험하는 자의 눈빛

많은 사람이 산을 탑니다. 이를 등산(登山)이라 하지요. 글자 그 대로 산을 오른다는 뜻이지요. 목숨을 걸고 산에 오르는 사람들도 있어요. 그러고 보면 인간이란 참 묘한 동물입니다. 아마 최초로 '아웃 오브 아프 리카'를 단행한 인류 역시 한 치의 의심 없이 자신들에게 다가올 미래가 희망만 가득하다고 믿지는 않았을 거예요. 틀림없이 죽을 수 있다는 두려 움도 분명 존재했을 겁니다. 자신이 확신할 수 없고, 알지 못하는 미지의 땅으로 한 발 한 발 내디딘 네오필리아(neophilia). 다른 짐승과는 전혀 다 른 유전자, 위험하지만 새로운 것에 대한 탐험심으로 가득한 유전자가 인 간의 몸에 지금도 흐르고 있어요. 모험하고자 하는 유전자, 말입니다. 달나라에 가는 것도 마찬가지예요. 우리가 쫓겨서 달나라를 탐험하는 것 은 아니지 않은가요? 최초로 우주를 탐험한 인간들 역시 마찬가지입니다.

"귀찮은데 그냥 여기서 살자"라고 머무른 니그로이드에 대한 인종 차별이 아닙니다. 그냥 살아간 사람도 있지만 끝없이, 끝없이 밖으로 나가려고 하는 사람도 있었다는 것이죠.

원래 인간은 바다에서 태어났다는 설도 있어요. 바다에서 튀어 올라 육지로 나온 물고기는 어떤 물고기일까요? 처음의 육지에는 아무런 생물도 살고 있지 않았을 겁니다. 물론 뭍으로 나왔지만 삶이 고달파 다시 바다로 들어간 물고기도 있었을 겁니다. 고래가 그렇습니다. '아웃 오브 아프리카'의 인류 중에도 다시 아프리카로 들어간 사람들이 있지 않을까요? 떠났다가 다시 돌아간 사람들도 있었을 겁니다.

그러나 인간을 포함한 모든 생물에게는 기본적으로 머무르기보다는 떠나고 이동하려는 경향이 있어요. 민들레를 보세요. 우리가 무엇을 택하느냐는 우리에게 주어진 선택이지만, 위험한 유전자를 가진 인간들이 있기 때문에 끝없이 앞으로 나아갈 수 있는 겁니다.

동물 중에 인간의 눈을 가장 닮은 동물은 사자와 독수리라고 합니다. 멀리 바라보기 때문이죠. 멀리 바라보고 탐험하는 자의 눈빛, 그 눈빛은 살아 있어요.

틱타알릭 물고기

최근 수십 년을 통틀어 가장 유명한 화석은 시카고대학 고생물학자 닐 슈빈이 발견한 틱타알릭이라는 이름의 물고기입니다. 지느러미 또는 발로 쓸 수 있는 4

개의 작은 다리가 달린 3억 7000만 년 전 생물 덕분에 인간이 진화해온 과정을 유추할 수 있게 되었습니다. 진화생물학자인 바버라 내터슨 호로위츠(하버드대 인간진화생물학부 객원 교수)는 "이 4개의 부속기관이 바다에서 육지로의 진화라는 지구 생명체에 관한 웅장한 이야기에 얼마나 중차대한 역할을 했는지 보여준다"고 말합니다.

슈빈이 발견한 틱타알릭 화석은 크기가 다양했는데, 어떤 것은 테니스 라켓만 하고 어떤 것은 서프보드보다도 길었다고 합니다. 당연한 것은 이 물고기도 성장했다는 사실입니다. 오늘날 청소년과 마찬가지로 이제 막 사춘기를 벗어난 틱타알릭은 몸집에서 뒤처질 뿐만 아니라 포식자나 경쟁자, 성욕, 먹이와 관련한 경험이 부족해 생존하기 취약한 존재였을 겁니다. 낯설고 위험한 환경 속에서 필요에 쫓겨 한계를 경험하며 끊임없이 성장했을 겁니다. 살아남기 위해 혁신을 꾀하며 바로 이 과정에서 인류의 미래를 개척했을 것이 틀림없습니다. (바버라 내터슨 호로위츠의 《와일드후드》 참고)

\#   눈빛 살리기

　　　　인간이 화장이나 성형으로도 손댈 수 없는 얼굴의 마지막 영역은 어디일까요? 아무리 가면을 써도 가릴 수 없는 그것, 바로 눈동자일 겁니다. 그런데 참으로 아쉽게도 이 눈동자마저 이젠 변형이 가능한 시대입니다. 색을 넣은 서클렌즈(circle lens)로 말이죠. 우리도 서양인처럼 검은 눈동자를 버리고 파란색 눈동자를 가질 수 있게 되었어요. 머리카락을 염색해 금발로 바꾸듯 이젠 눈동자도 염색할 수 있게 되었지요.

가면으로도 못 가렸던, 복면으로도 못 가렸던 그리고 성형수술로도 불가능했던 마지막 내 얼굴을 꾸미는 장치가 서클렌즈일 겁니다. 우리가 1등을 했던 눈이 작다는 얼굴의 특징은 더 이상 사실이 아니게 되었어요. 서클렌즈를 끼면 눈이 커지는 효과까지도 볼 수 있기 때문이죠. 섣부르게 이것이 좋냐 나쁘냐고 판단할 수는 없어요, 물론.

여러분이 알고 있는 '민주주의'에서 쓰이는 한자 '민'(民)은 '백성 민'입니다. 이 '민'자는 뾰족한 쇠꼬챙이에 눈이 찔린 모양을 그린 글자입니다. 옛날 전쟁 포로의 한쪽 눈을 찔러 눈을 멀게 해 노예로 부렸다고 하지요. 그래서 고대 중국에서 '사람 인'(人)은 지배계층을, '백성 민'은 피지배계층, 즉 노예를 뜻하는 말입니다.

흔히 아이 컨텍트(Eye Contact)라는 표현이 있듯 사람과 사람이 커뮤니케이션을 할 때도 이 눈은 가장 중요한 의사소통의 매개체입니다. 진실한 사람의 눈은 흔들림 없이 상대를 똑바로 볼 수가 있어요. 그래서 눈을 마주치는 것은 최후의 커뮤니케이션입니다. 낯선 사람과는 눈을 마주치는 걸 꺼립니다. 남녀 간에 '눈 맞았다'라고 하는 것은 그만큼 눈과 눈의 교감이 중요하기 때문일 겁니다.

외국 사람들이 눈을 그릴 때는 꼭 얼굴과 같이 그리는 습성이 있어요. 옆을 그리든 앞을 그리든 말이죠. 그런데 우리는 눈을 잘 안 그립니다.

> 동그라미 그리려다 무심코 그린 얼굴
> 내 마음 따라 올라갔던 하얀 그때 꿈을
> 풀잎에 연 이슬처럼 빛나던 눈동자
> 동그랗게 동그랗게 맴돌다 가는 얼굴
> ―윤연선이 1975년에 부른 노래 〈얼굴〉 가사 중

언젠가 좌뇌와 우뇌에 대해서 이야기한 적이 있는데, 동그라미를 그리는 것은 기하학적인 수학이니까 좌뇌에 속합니다. 그런데 '무심코'는 우뇌의 영역이죠. 그다음에 나오는 것이 '빛나는 눈동자'입니다. 한국 사람들은 눈을 잘 그리지 않는다고 했는데 만화에서는 반드시 눈빛을 그리죠. 눈 안의 하얀 부분을 강조하고 어떤 만화에서는 여기에 다이아몬드를 그려 넣어요. 눈빛을 더욱 강조하려는 뜻입니다.

\#　　　내 얼굴 찾기 대장정

　　　　우리가 갖는 우리 얼굴의 모든 부분에서, 그리고 문화적, 유전자적인 모든 면에서 눈빛이 죽으면 나의 존재가 죽고 눈빛이 죽으면 회사

가 죽고 눈빛이 죽으면 그 나라가 망합니다.

지금까지 살펴본 것처럼 우리 얼굴은 많이 바뀌었어요. 바이칼호에서 벗어난 민족이 한반도에 정착하며 한국인의 선조가 되어 살아온 이래 지난 70여 년만큼 한국인의 얼굴에 많은 변화가 일어난 적은 없습니다. 한국인들이 아무리 전쟁을 겪고 굶주림에 죽어가고 배고픔과 싸워왔어도 우리는 눈빛을 잃어버리지는 않았어요.

하지만 아쉽게도 풍요지고 삶이 윤택해질수록 눈빛이 사라져 가고 있어요. 한국인의 초롱초롱하던 눈빛, 그 눈빛을 살리는 것이 바로 내 얼굴을 살리는 길입니다.

이 책을 읽기 전과 이 책을 읽은 후에 여러분의 눈빛이 달라진다면 여러분의 얼굴이 달라질 것이고 아마도 여러분의 삶이 달라질 것입니다.

이토록 사라져 가는 우리의 눈빛을 어떻게 살리느냐가 내 얼굴 찾기 대장정의 방향입니다. 우리가 가꿔온 얼굴의 최후의 결전이 이 눈빛에 달려 있어요.

일본 전자제품 브랜드 '소니'가 워크맨을 시작으로 전 세계 전자시장의 패권자로 군림했던 때가 있었어요. 그런데 소니가 어려워지기 시작했지요. 도대체 무엇이 소니를 힘들게 한 것일까요? 일본인들에게 물었더니 그들의 답이 이랬습니다.

"옛날 소니가 처음 시작했을 때 사원들의 눈빛이 빛났는데 지금은 신입사원이나 누구나 오타쿠처럼 전부 처졌어요."

일본 사람들의 눈빛이 사라지면서 일본은 잃어버린 30년의 세월을 겪었다고 하지요.

정보화 시대의 이모티콘은 눈빛이 없는 죽은 도형입니다. 농업사회에서 공업사회, 공업사회에서 산업사회, 정보사회를 겪으며 우린 서서히 우리의 눈빛을 잃어버린 채 눈빛 없는 도형들로 소통하고 있는 것은 아닐까요?

6부 | 흐르는 눈물, 빛나는 눈빛

우리의 얼굴은 조상님이 주신 것이요, 결국 유전자를 통해서 형성된 것입니다. 우리나라는 몸을 이야기할 때 머리, 그다음 허리, 그다음에 다리로 모두 두 음절로 된 '리'자 돌림이죠. 영어로 하면 헤드(Head), 웨이스트(Waist), 레그(Leg)로 모두 다릅니다. 머리, 허리, 다리라는 말속에 이미 내 몸은 상중하 3부분으로 나뉘어 있어요. 그중에서도 가장 중요한 것이 상부에 있는 머리, 바로 얼굴입니다. 우리가 왜 하고 많은 신체 부위 중에 얼굴 찾기를 시작하느냐 하는 것은 우리 몸의 가장 중요한 부분인 이 얼굴 안에는 우리의 생물학적 DNA가 담겨 있고, 문화와 역사가 배어 있기 때문입니다.

문화인들은 단것보다 쓴 걸 먹죠. 증거를 하나 대볼까요? 어린아이들은 쓴 음식을 먹지 못합니다. 짐승들도 쓴 것을 못 먹기 때문에 나무 이파리들이 짐승들의 식욕으로부터 벗어날 수 있었던 것이죠. 그런데 인간은 성장과 함께 문화화되면 쓴 것을 아주 좋아합니다. 문명인들이 먹는 기호식품들의 대부분은 쓴 것들입니다. 커피, 홍차, 맥주, 초콜릿….

개인적인 기억이 하나 있어요. 옛날 다방에 가보면 시골에서 온 사람들은 커피에 설탕을 넣어 먹었습니다. 그것도 설탕이 공짜였던 때라 아예 비벼 먹는다고 할 만큼 막 넣어 마셨지요. 하지만 서울 사람들은 쓴 커피를 그냥 마셨죠. 설탕을 넣으려고 하면 "노 슈거, 노 밀크(No Sugar, No milk)"라며 손사래를 칩니다. 그 모습이 참으로 세련되고 고상하여 부러웠던 기억이 있어요. 이게 문화라는 겁니다.

오후 다섯 시의 그림자와 〈돌의 초상〉

쓴 맛을 좋아하는 민족은 반은 농담 삼아 DNA로부터 영향을 덜 받은 교육받은 민족입니다. 짐승은 DNA의 영향을 100% 받지만 DNA로부터 자유로울 수 있는 것, 그 영향으로부터 좀 더 멀어질 수 있는 것이 문화인입니다.

우리 단군신화에서 곰과 호랑이가 인간이 되기 위해 쓰디쓴 쑥과 마늘을 먹는 것은 짐승에서 인간이 되는 문화화 과정에 대한 상징적 은유일 수 있어요.

한국 사람들은 쓴 걸 참 좋아하는 민족 중 하나입니다. 모든 요리의 기본이 되는 마늘은 물론이고 씀바귀, 칡, 갓김치, 쑥갓, 냉이, 고들빼기, 도라

지, 더덕…. 먹는 것으로 보자면 한국인이 가장 문화화된 민족이라 해도
과언이 아닙니다. 그렇지 않나요?

'오후 다섯 시의 그림자'(5 o'clock shadow)라는 말이 있습니다. 아침에 일
어나면 남자들은 모두 수염을 깎죠. 아침마다 얼굴에 비누 거품을 바르고
면도기로 싹싹 밀어냅니다. 그러고 아침밥도 제대로 먹지 못하고 직장으
로 출근하지요. 똑같은 일을 죽어라 반복하며 일합니다. 자기 자신을 위해
또 처자식을 먹여 살리기 위해 '월화수목금금금'으로 일하지요.
책상 앞에 머리를 처박고 일하다 퇴근 시각이 가까워 옴을 느끼는 순간이
있어요. 오후 5시입니다. 그토록 빡빡 밀었던 수염이 조금씩 자라 오후 5
시가 되면 뾰족이 길어집니다. 수염의 자리에 파란 그림자가 드리워지죠.
이것을 '오후 5시의 그림자'라 칭합니다.
한국 사람들이 만든 말이 아니라 외국의 샐러리맨들의 비애를 표현하는
말입니다. 오후 5시, 퇴근 직전 하루에 지친 샐러리맨의 얼굴에 드리워진
파란 그림자, 현대를 살아가는 소시민들의 삶에 드리워진 그림자를 상징
적으로 표현하고 있지요.
갑자기 수염 이야기를 꺼낸 것은 우리나라에서 사라져버린 수염 이야기
를 하고자 함입니다. 일제 강점기 시절, 그래도 외국 사람들이 우리나라에
오면 찬탄하는 것이 있었습니다. 남자들의 수염이었어요. 한국 사람들은
수염이 길면 그 사람의 신분(身分)이나 부(富)의 정도와 상관없이 '어르신'

이라 높여주었어요. 그래서 갈수록 수염은 길어졌지요.
긴 수염을 어루만지며 당당했던 한국 사람들을 클라우스 만(Klaus
Mann · 독일 산문문학의 최고봉 토마스 만의 아들)은 이렇게 표현했어요.

조선을 통치하는 일본 사람들은 앞을 보고 반듯하게 걸어 다니는데 조선인
들은 지배를 받는 민족이면서도 가난하든 말든 긴 수염을 기르고 당당하게
팔자걸음으로 걸어 다닌다.

그 어르신들은 다 어디로 간 것일까요? 우리의 그 당당하던 걸음은 어디
로 간 것일까요?
작가 최인호(崔仁浩 · 1945~2013)의 단편 〈돌의 초상〉(1978)에 우리가 잃
어버린 어르신이 등장합니다.
소설 속 노망(老妄) 든 최순돌은 이름 석 자만 기억할 뿐 집이 어디며 가족
이 누구인지 모릅니다. 몇 살이냐고 물으면 열두 살이라고 답하고 "배가
고픕니다. 밥을 좀 주세요"라는 말만 반복하죠.
프리랜서 사진기자인 '나'는 고궁에서 사진을 찍다가 노인을 만납니다.
미아보호소에 노인을 맡기려다가 무슨 생각에선지 집으로 데려와요. 동
거녀인 간호사 '경희'가 노인을 정성껏 대합니다. 그런 모습이 '나'는 못마
땅하죠. '경희'가 옷에 똥을 싼 노인을 깨끗이 목욕시키고 '내' 옷을 입히
는 것도 마뜩찮습니다.

203

도로 창경원에 데려다 놓든지 경찰서에 맡기든지 해야지, 난 못 참겠어. 이 집은 양로원이 아니야.

'경희'가 출근하고 없는 사이 '나'는 노인을 어디다 버릴지 고민해요. '처음부터 노인은 버려져 있었지 아니한가. 나는 죄책감을 느낄 필요가 없다'고 다짐하듯 되뇝니다. 그때 친구의 말이 떠올라요.

돌은 캐어냈던 자리에 도로 갖다 두는 게 원칙이야.

공연한 객기로 무거운 돌을 충북 제천의 선술집까지 지고 갔다가 술김에 선술집 화단 속에 부려놓고 나올 때 친구가 한 말이 떠올랐던 겁니다. '나'는 노인을 처음 만난 고궁에 버릴 생각을 다시 합니다. 그러다가 이내 무서운 복수의 감정이 고개를 들어요. 한강변 모래사장에 버릴 생각을 하죠. 그러다가 마음을 돌려요. '아무에게도 구원될 수 없는 사각지대 속에 던져버릴 수는 없다'는 생각이 들었던 겁니다. '나'는 도시의 한복판인 명동에 버려야겠다고 마음을 먹습니다. 급히 택시를 타고 명동에 도착한 뒤 명동성당 무료급식소 앞에 다다랐어요. 그곳에 노인을 버리며 이렇게 말해요.

나: "이제 난 가겠습니다. 날 원망하지 마세요."

노인: "미, 미안합니다. 난 배, 배가 고픕니다. 밥을 주십시오."

나: "좀 기다리세요. 저 사람들이 줄 겁니다."

'나'는 불 밝힌 성당의 첨탑을 봅니다. 그곳엔 십자가가 우뚝 서 있었어요. 헤어지려는데 노인이 악수를 청합니다. 생각보다는 따뜻한 손이어서 흠칫 놀랍니다. '나'는 갑자기 무서워져 손을 빼죠. 노인은 연신 천진하게 웃자 '나'는 문득 이 노인이 어쩌면 분명한 이성을 가진 사람일지도 모른다는 생각을 하죠. 그리곤 얼른 도망쳐 집으로 돌아옵니다.

하지만 퇴근한 '경희'가 "노인을 어디에 버렸느냐"고 다그칩니다. 잔소리에 못 이겨 할 수 없이 명동성당으로 급히 가지만 그곳에 노인은 없었어요. 사라진 겁니다. 어디로 갔을까요?

'나'는 분명히 버려진 노인을 다시 돌려보냈을 뿐인데, 그럼에도 '나'는 무책임한 인간이 되었다는 사실을 깨닫게 됩니다.

독자는 이 소설을 통해 결국 인간은 자기의 책임에서 벗어날 수 없다는 사실을 알게 됩니다. 인간의 운명은 신(神)이 아닌 인간 스스로 해결해야만 하는 것이죠.

#　눈을 잘 안 맞추는 한국인

　　한국 사람들은 눈을 잘 맞추지 않는다고 합니다. 눈을 맞추면 째려본다고 오히려 상대로부터 오해받기 십상이죠. 곧바로 "눈 깔아"라는 호통이 돌아옵니다. 아마도 이래서 한국에는 세계에 내놓을 만한 초상화가 그리 없나 봅니다. 얼굴이든 눈이든 똑바로 보는 게 힘든 문화이니까요.

김홍도(金弘道 · 1745~?), 신윤복, 김득신(金得臣 · 1754~1822)의 풍속화는 세계 어디에 내놓아도 손색이 없는 작품들입니다. 그러나 유심히 살펴보면 단원의 그림 속 사람들의 얼굴에는 차이가 없어요. 이 사람이나 저 사람이나 똑같아요. 어른인지 아이인지 구분도 안 됩니다. 심지어 옷을 보지 않고서는 여자인지 남자인지조차 도통 구분이 안 돼요.

신윤복의 〈월하정인〉(月下情人)은 벌판에서 몰래 만나는 청춘남녀를 담은 작품이죠. 여자는 쓰개를 쓰고 있어요. 이슬람의 히잡만큼은 아니었지만 조선시대 우리나라의 여성들은 바깥출입을 할 때 꼭 쓰개로 얼굴을 가렸다고 합니다. 작품 속 여성의 눈을 보세요. 거의 까맣게 일직선으로만 표현이 되어 있어요. 흔히 말하는 단춧구멍 눈이죠. 외국 사람들이 보면 이게 무슨 눈이냐 할 정도입니다.

김득신의 〈파적도〉(破寂圖)는 어떤가요? 병아리를 물려고 이리저리 뛰어다니는 고양이와 새끼를 살리기 위해 날갯짓하는 암탉, 그리고 주인장으

〈월하정인〉, 신윤복 그림

〈파적도〉, 김득신 그림

로 보이는 남편과 아내의 모습이 나옵니다. 고양이의 동선과 닭의 움직임, 사람의 손짓이 모두 바깥을 향한 한 점으로 모입니다. 눈을 그리지 않아도 누가 봐도 제일 급한 건 암탉입니다. 시선(視線)을 그리지 않아도 몸짓으로 우리는 시선을 볼 수 있고, 긴장감과 긴박감, 역동성을 그대로 느낄 수 있어요.

김홍도의 〈타작〉(打作)은 여러 사람이 함께 일하는 모습을 담은 작품입니다. 등장하는 인물의 얼굴을 살펴보면 한결같이 똑같아요. 한때 일본의 애니메이션에서도 눈이 보이지 않았습니다. 한동안 유행했던 작품의 특징이었죠.

그러나 〈피구왕 통키〉라는 유명한 일본의 만화는 이와 확연히 다릅니다. 통키의 눈이 어찌나 큰지 거의 얼굴의 반 이상을 차지하고 있어요. 하얀색을 이용해 눈빛이 살아 있는 효과까지 표현했어요. 주제가 노랫말에 '반짝이는 눈동자'가 들어 있는 걸로 보아 이 같은 예상은 확실합니다.

앞서 이야기했듯이 화장을 하고, 가면을 쓰고, 복면을 써도, 눈빛만은 가릴 수가 없어요. 서클렌즈를 껴 눈동자의 색깔을 인공적으로 바꿀 수 있는 세상이 되었어도 눈빛만큼은 만들어내지 못합니다. 내가 살아 있다고 느끼거나, 무언가를 위해 열정적일 때의 눈빛…. 불행히도 산업화, 민주화의 과정을 거치며 우리가 가장 많이 잃어버린 것이 바로 이 눈빛이 아닐까요?

삶의 기쁨을 노래하는 환희의 눈빛, 삶을 살아가는 과정에서 맛보는 아름다움의 눈빛, 새로운 것을 추구하고 발견하는 열정의 눈빛을 잃어버렸습니다. 최인호의 소설 〈돌의 초상〉에서 우리가 내다 버린 '어르신'이 우리의 얼굴, 우리의 잃어버린 눈빛일지 모릅니다.

서로의 눈 들여다보기

여러분에게 세르비아의 여성 예술가 마리나 아브라모비치(Marina Abramovic · 1946~)를 소개합니다. 그녀의 아버지는 유고슬라비아의 유명한 독립투사이자 종교인이었어요. 그녀는 자신의 아버지처럼 인간을 억압하는 부당한 압력에 저항해왔는데, 다른 그 어떠한 도구도 사용하지 않고 자신의 몸을 통해 예술적 창조를 이뤄내는 작가입니다. 면도칼로 자신의 몸에 상처를 내기도 하고, 관객들에게 자신의 몸에 폭력을 행사하도록 해서 만신창이가 되기도 했죠. 그 행위예술의 과정을 사람들에게 보여주면서 자신이 가지고 있는 생각을 교감하게 했어요.
그가 뉴욕현대미술관 모마(MoMA)에서 2010년 3월 14일부터 5월 31일까지 약 736시간 동안 펼친 〈마리나 아브라모비치가 여기 있다〉(Marina Abramovic: The Artist is Present) 퍼포먼스는 새로움을 넘어 충격을 주었죠. 그때로 다시 돌아가 볼까요?

여기, 작가 외에 미술관의 텅 빈 공간에 존재하는 건 테이블과 의자뿐입니다. 어떠한 퍼포먼스와 화려한 연출도 없어요. 마리나는 그저 평범한 의자에 앉아 있어요. 사람들은 마리나의 맞은편 의자에 와서 앉습니다. 그리고 두 사람은 서로의 눈을 바라봅니다. 시간제한도 없어요. 서로 마주 보다가 적당한 시간이 되면 또 다른 사람이 와서 앉습니다. 퍼포먼스는 하루 6시간 동안 진행되었고 사람들은 줄을 서서 참여를 기다렸지요. 퍼포먼스가 거의 끝날 무렵 남자 한 명이 의자에 앉았습니다. 살짝 눈인사를 주고받은 후 마리나의 눈빛이 흔들렸지요.

마주한 남자는 30년 만에 재회한 그녀의 한때 연인이자 옛 동료였던 울라이(Ulay · 본명 Frank Uwe Laysiepen · 1943~2020)였습니다. 30년 만에 재회한 그들은 아무 말 없이 눈으로 깊은 이야기를 나눕니다. 잠시 후 눈물을 흘리는 마리나와 말없이 위로의 눈빛을 건네는 울라이.

30년 전 두 사람은 90일 동안을 걸어 만리장성에서 만난 후 한 번의 포옹 후 헤어졌던 연인이었죠. 관람객들은 강산이 3번 바뀌고서야 다시 만난 그들의 재회를 목도했어요. 짧은 눈빛의 대화는 셰익스피어 작품의 그 어떤 대사보다도 감동적이었어요. 망각, 오랜만의 재회가 주는 반가움, 다시 만날 수 없었던 절망감, 한없이 보고 싶었던 그리움…. 그 모든 것이 눈과 눈이 마주쳤을 때, 피하는 것이 아니라 서로 마주 보았을 때 그 공간에 퍼져 갑니다. 우리는 눈과 눈이 마주친다는 의미를, 그 감동을 몇천 년 동안 잃어버리고 살았는지 몰라요. 이 작품을 보면 '사람과 사람이, 눈

211

과 눈을 마주 본다는 것이 이런 거구나'라는 새로운 감동을 체험할 수 있었습니다.

현재를 살아가는 우리에게 이런 순간들은 흔치 않아요. 옆에 있는 사람들을 바라보는 순간! 어렴풋이 스쳐 지나가는 바라봄이 아니라 눈을 마주치고 응시하는 순간! 아무런 장애 없이 온전히 누군가를 바라본 경험! 부모의 얼굴도, 애인의 얼굴도, 그리고 늘 만나는 친구의 얼굴을 마리나처럼 마주 앉아 간절히 바라본 경험이 있을 겁니다.

타인의 얼굴을 바라보지 않는 것처럼 나 스스로의 얼굴도 응시하지 않아요. 타인의 얼굴을 바라볼 때, 타인의 눈을 응시할 때 우리는 그들의 까만 눈동자 안에 비친 나 자신을 보게 되죠.

누군가와 이렇게 눈을 응시하고 있을라치면 나도 모르게 눈물이 나게 됩니다. 우린 모두가 외로운 존재들이기 때문입니다. 세상을 살면서 누가 나를 이렇게 봐준 적이 있던가요? 타인을 이토록 바라본 적이 있던가요? 늘 싸우고, 경쟁하고, 의심하면서 살아왔잖아요. 그 삶의 가운데에서 맛보는 따뜻한 눈빛이 우리를 울게 만드는 것입니다.

그래, 너 얼마나 혼자 고생했니….

그 눈빛에서 위로받고 또 위로를 전합니다. 눈을 마주치는 것은 삶을 공유하는 것과 같아요. 타인의 눈빛과 나의 눈빛이 마주쳐 그 삶을 경험하는 것이니까요.

　　　규칙 깬 단 한 번의 눈물

　　　마리나 아브라모비치와 울라이의 이야기를 좀 더 하면 이렇습니다. 두 사람은 함께 같은 길을 걷던 행위예술가이자 한때 커플이었어요. 독일 출신의 울라이는 1960년대 후반부터 폴라로이드를 중심으로 한 사진작가로 활동하다 1976년부터 1988년까지 마리나 아브라모비치와 함께 공연 예술가로 활동했어요.

두 사람의 1980년 진행한 퍼포먼스〈정지 에너지〉(Rest Energy)는 지금도 자주 회자(膾炙)됩니다. 살상용 실제 활과 화살을 사용했는데 마리나에게 활대를, 맞은편 울라이에게 화살깃을 손끝으로만 잡게 했어요. 두 사람은 몸을 서로의 반대편으로 기울이며 팽팽히 시위를 당겼습니다. 생각만 해도 끔찍해요. 자칫 힘의 균형이 깨지면 곧장 대형 사고로 이어지는 대단히 위험한 퍼포먼스였지요.

퍼포먼스가 시작되면서 의문의 쿵쿵 소리가 들려오는데 이것은 실시간 녹음된 두 사람의 심박 소리였어요. 서로에 대한 악의 없이, 오로지 전적인 믿음으로 그 위험천만한 행위를 진행했고 무사히 마쳤습니다.

마리나는 "4분 10초라는 짧은 시간이 내게는 영원했다고 말할 수 있다.

정말이지 완전한 신뢰에 따른 공연이었다"고 말했어요.

앞서 1977년에는 서로 키스를 하며 숨을 나누는 퍼포먼스를 벌였지요. 17분 만에 이산화탄소 과다로 퍼포먼스는 중단되고 말았어요.

두 사람은 1988년 만리장성 양 끝에서 걷는 퍼포먼스를 행하죠. 결국 중간에서 마주치는데 가볍게 악수와 포옹을 한 뒤 각자의 길로 다시 걸어갔습니다. 이 헤어짐은 진짜 이별로 이어졌고, 자신의 이별마저도 하나의 예술로 승화시킨 것이었어요. 그리고 다시 만난 것이 2010년 〈마리나 아브라모비치가 여기 있다〉 퍼포먼스였습니다.

그때 만남은 사람들에게 큰 감동을 주었고, 대중 역시 같은 감정을 느꼈어요. 당시 영상이 유튜브로 공개된 후 조회수가 2000만을 넘었고 이후 두 사람이 걸어온 예술적 흔적이 다큐멘터리로 만들어졌어요. 마리나는 훗날 당시의 상황에 대해 이런 말을 했습니다.

> 그것은 훌륭했고, 어려웠고, 지옥이었고, 사랑이었고, 증오였고, 모든 것이었습니다. 저는 제가 규칙을 어겼을 때의 그 순간을 결코 잊지 않았습니다. 저는 절대, 절대, 절대, 절대로 규칙을 어기지 않기로 했습니다.

여기서 '규칙'이란 작가와 관객이 아무 말 없이 침묵 속에 서로의 눈을 바라보며 소통하기로 한 약속을 말해요. 그러나 예고 없이 울라이가 등장하자 마리나는 '규칙'을 깨고 눈물을 흘렸던 것이지요. 울라이는 당시 상황에 대해 이렇게 고백했어요.

그 퍼포먼스에 대한 개념은 없었습니다. 아무런 준비도 없었고, 리허설 역시 없었습니다. 예측된 결말은 없었어요.

마리아 역시 오랜 이별 후 다시 울라이와 만났을 때의 역사적 순간을 이렇게 표현했습니다.

당신은 단지 다른 방문객이 아니었습니다. 당신은 나의 삶이었습니다.(You were not just another visitor. You were my life.)

화장, 가면, 성형수술로 감출 수 없는 것

인간은 살면서 타인과 이웃, 공동체에 대한 사랑을 이야기합니다. 하지만 정작 우리는 다른 사람의 눈을 들여다본 적이 있었던가요? 그리고 그 사람과 나의 얼굴이 마주쳐 삶을 느껴본 적이 있었던가요? 마리나와 울라이는 사랑하면서도 헤어진 연인이며 예술적 파트너였지요. 언젠가는 사랑이 변질되고 서로 미워하고 지긋지긋해하며 헤어지는 보통의 헤어짐을 겪고 싶지 않았다고 해요. 그런 중 헤어짐을 결심하고 중국

215

만리장성에서의 짧은 포옹을 마지막으로 헤어진 것이었어요. 그리고 또 다른 누군가를 사랑하고, 또 다른 상처를 입고, 문득문득 서로에 대한 그리움으로 아파도 했을 겁니다.

그러다가 이렇게 다시 서로를 만나 눈물을 흘립니다. 연인이 아니더라도 어머니와 헤어진 자식이 다시 어머니를 만났을 때의 그 반가움이 어떻겠습니까. 주변에 사람이 아무리 많든, 누군가 나를 보든 말든 내 눈에서는 눈물이 왈칵 쏟아지지 않겠어요? 눈물 때문에 빛나는 얼굴만큼 아름다운 얼굴은 없어요.

그러나 우리는 나 자신을 위해서 울든, 남을 위해서 울든 서로를 바라보며 흘리는 눈물을 잊어버린 지 오래되었어요.

사람과 경쟁하며 살아남기 위해 살아 있다는 것 자체가 투쟁이었던 삶 속에서 어느 날 문득 내가 바라본 내 모습이 아니라 타인의 눈 속에 비친 내 모습을 바라보며 눈물을 흘리는 순간들이 있습니다. 그것은 화장을 하고 가면을 쓰고 성형수술을 한다고 해서 감춰질 수 있는 것이 아니에요.

내 얼굴을 찾는 순간은, 내 얼굴을 만지는 순간이 아니라 타인의 눈과 내 눈이 마주쳐 그 안에서 삶의 어떤 순간들, 행복한 순간이었든 슬픈 순간이었든, 생명의 어떤 순간들을 맛보았을 때, 비로소 내 얼굴은 완성되는 것입니다.

그게 내 얼굴, 인간의 얼굴, 내 나라 얼굴

내 이웃의 눈을 들여다보고 눈물을 흘릴 줄 아는 것이 이웃에 대한 사랑입니다. 올림픽에서 금메달을 따고 "동해물과 백두산이~" 애국가가 울려 퍼지면 금메달을 목에 건 선수도, 그 모습을 바라보는 국민들 개개인도 절로 눈물이 흐릅니다. 개개인이 고생한 순간들과 영광스러운 감격…. 그것만으로는 설명이 안 되는 뜨거운 무언가가 있어요. 나는 경험해보지 못했지만 서럽게 견디어온 우리의 역사…. 정말 낯선 사람과 눈이 마주쳤을 때 눈물을 흘릴 줄 아는 것이 애국자입니다.
그 눈 안에는 시베리아로부터 추위를 견디며 이곳까지 걸어온 한민족이 보입니다. 만주 벌판으로 간도로 쫓겨 다니던 우리 조상들이 보입니다. '나'라는 개체와 수천 년 내려오는 우리 DNA 속의 한국인의 얼굴이 마주치는 순간입니다.

이제 우리가 서로 눈을
마주할 때가 왔구나.
가면도 벗고 복면도 찢고
별과 별이 몇억 광년 떨어져 있어도
서로 마주 보듯이

어찌 흐르는 눈물을
성형하랴.
어찌 빛나는 그 눈빛을
화장하랴.

그게 내 얼굴이다.
그게 인간의 얼굴이다.
그게 내 나라의 얼굴이다.

별의 지도

이어령이 생의 마지막 순간까지 그렸던 꿈 · 이상 · 소망. 그가 끝내 닿고자 했던 하늘과 별의 이야기.

땅 속의 용이 울 때

도시는 고향을 떠난 실향민의 눈물과 추억으로 세워진 탑이다. 대도시의 아파트에서 한밤중에 눈을 떠 땅속의 지렁이 울음소리를 듣는 디아스포라의 문명 읽기.

바이칼호에 비친 내 얼굴

DNA가 설계하는 민낯, 문화가 완성하는 눈빛. 과학의 씨실과 인문의 날실로 짠 한국인 얼굴 이야기.

어머니의 반짇고리(가제)

옷은 날개이고 깃발이다. 그것은 우리가 추구하는 진선미의 하나다. 어머니의 작은 바늘과 반짇고리 속에 담긴 한국인의 마음, 한국인의 문화 이야기.

애야 밥 먹어라(가제)

아이들이 뿔뿔이 흩어져 제집으로 달려갈 때, 아무도 부르지 않는 빈 마당에서 저녁노을을 맞이하는 아이들. 한국 식문화의 어제와 오늘을 통해서 본 한국 번영의 출구.

강변에 세운 집(가제)

모든 문명은 그 시대의 건축과 도시로 축약되고 우리는 그 속에서 나와 민족의 정체성을 읽는다. 충격과 화제를 낳았던 강연 <건축 없는 건축>의 비밀스러운 내용.

한국인 이야기 | 전4권

너 어디에서 왔니

해산 후 미역국을 먹는 유일한 출산 문화와 더불어 한국인이 태어난 깊고 넓은 바다의 이야기들. 아가미로 숨 쉬던 태아의 생명 기억으로부터 이어지는 한국인 모두의 이력서.

너 누구니

복잡한 동양사상과 아시아의 생활양식이 함축된 한국의 젓가락 문화를 통해서 한국인 특유의 생물학적 문화적 유전자를 밝힌다.

너 어떻게 살래

AI 포비아를 낳은 알파고와 이세돌의 바둑 대국에서 오히려 긍정적인 한국의 미래와 비전을 도출해내는 과학과 마법의 언어들.

너 어디로 가니

한국인이라면 누구에게나 있는 일제 강점기의 어두운 트라우마. 한국 근대문화의 절망, 저항, 도전, 성취의 4악장 교향곡이 아이의 풍금소리처럼 들리는 격동 속의 서정.